SECRETOS PARA GANAR DINERO COMO INFLUENCER

Incrementa tus ingresos influyendo en los demás

SECRETOS PARA
GANAR DINERO
COMO **INFLUENCER**

Juan Antonio
Guerrero Cañongo

 MESTAS EDICIONES

PROYECTO
METACRECIMIENTO
Desarrollo Personal y Empresarial

© MESTAS EDICIONES
Avda. de Guadalix, 103
28120 Algete, Madrid
Tel. 91 886 43 80
E-mail: info@mestasediciones.com
www.mestasediciones.com

© Del texto: Juan Antonio Guerrero Cañongo

ISBN: 978-84-18765-31-5
Depósito legal: M-21063-2022
Printed in Spain - Impreso en España

Primera edición: *Octubre, 2022*

El hombre que decide ser vendedor de zapatos este año, luego cambia de opinión e intenta ser granjero al año siguiente, y luego cambia una vez más y el tercer año se dedica a vender seguros de vida, tiende a fracasar en los tres intentos, pero si se hubiera concentrado en una de esas actividades a lo largo de tres años, tal vez podría haber logrado un éxito bastante bueno.

Napoleon Hill

INTRODUCCIÓN

Cuando tú hablas, solo estás repitiendo lo que ya sabes. Pero si escuchas, puedes aprender algo nuevo.

Dalai Lama

Era mediados de Abril, una empresa en la que estoy registrado como influencer, me propuso promover una aplicación (app) para smartphone. Cuando lo hizo, le resté importancia, pero fue tal su insistencia, que acepté su trato. Era un trato sencillo: la empresa me pedía que fuera el portavoz de esa app, ofreciéndome una comisión por cada persona que la usara después de descargarla.

Debo confesarte que pasaron muchos días antes de que aceptara y descargara su aplicación para probarla.

El 25 de abril, dediqué más o menos una hora para producir un vídeo de menos de cinco minutos, lo subí a Youtube y lo dejé ahí, sin darle mucha importancia. Como supuse que me daría unos 50 dólares en ganancias totales, no hice un vídeo de mayor duración, ni le dediqué tiempo para crear una estrategia de posicionamiento y conseguir que las personas lo encontraran fácilmente.

Al día siguiente tenía mis primeros 50 dólares. Ese día salí con mis padres a pasear fuera de la ciudad, así que usé esas ganancias para comprarme un sándwich vegano, una galleta y algunos bocadillos para ellos. Al llegar a mi casa por la noche, ya tenía otros 50 dólares en la aplicación.

Estaba ganando dinero de forma simple, rápida y sin dedicar tiempo o esfuerzo, pero aún no le daba la importancia necesaria.

Para el 30 de abril, tenía más de 300 dólares a pesar que había gastado bastante diariamente, adquiriendo comida a domicilio, artículos del supermercado e incluso había comprado varios productos de la canasta básica para regalarla a una familia de escasos recursos. **Lo que ganaba estaba superando lo que gastaba**.

¡No lo podía creer!

Y no lo creía porque suponía que esa nueva actividad no era para mí, ya que rompía con todos mis esquemas mentales de aquel tiempo. **Era una nueva ocupación que no me exigía tiempo, dinero o esfuerzo y me hacía ganar dinero**.

En ese entonces no creía que ser influencer pudiese convertirse en una opción para ganar dinero. No creía que fuera una ocupación ni para mí, ni para mis seguidores.

Después de esos resultados, y ya iniciando mayo, dediqué otras tres horas para crear más contenido y las ventas se dispararon.

Para mediados de mayo, tenía más de 3,000 dólares disponibles en la app, aunque pedíamos comida a diario (y al menos cuatro veces al día), las ganancias seguían superando los gastos. **En total, con esa campaña que duró dos meses y medio, obtuve más de 11,000 dólares en efectivo**.

Nada mal para una campaña que inicié sin mucho ánimo.

Y no incluyo a esa cantidad, las ganancias secundarias, que siguen sumando otros cientos de dólares hasta este momento en que escribo estas líneas.

La estrategia que seguí fue simple, pero muy eficaz: **enseñar a las personas cómo mejorar su vida usando esa aplicación**.

El primer vídeo muestra cómo utilizaba la app, cómo ingresaba el código y cómo la aplicación tomaba mi orden de comida a domicilio, simplemente **les enseñaba a mis seguidores lo que podían hacer con esa aplicación y qué beneficios obtenían al descargarla**. Los demás vídeos tienen contenidos semejantes.

Con el contenido de un vídeo conseguí una gran respuesta y una excelente ganancia. No soy el único que ha conseguido algo semejante, muchos creadores de contenido están consiguiendo mayores sumas de dinero simplemente creando contenido.

Influir en las personas creando contenido, es una nueva profesión que nos reporta ingresos constantes. **Ser influencer se ha convertido en la nueva profesión millonaria**.

Yo creo que la mayoría puede convertirse en influencer, sin importar su ocupación actual, sus estudios o su situación económica. Todos tenemos algo que compartir y hay miles de personas esperando nuestro mensaje.

Hasta ahora sigo ganando dinero como influencer y pienso hacerlo por muchos años más. Y como me gusta enseñar, te voy a compartir lo que hago y cómo lo hago, para que tú también tengas resultados.

En este libro aprenderás cómo convertirte en un creador de contenido, cómo llevar tu mensaje a las personas y cómo ganar dinero con esa actividad.

Encontrarás las estrategias precisas que seguimos los creadores de contenido y los métodos que usamos para ayudar a las personas. **Te compartiré cómo he ganado**

dinero con más campañas y cómo tú podrías imitar nuestras estrategias y mejorarlas.

Podrás aplicar lo aprendido en este manuscrito en tu emprendimiento actual, en tu negocio, en el negocio de alguien más y/o trabajar para una agencia de influencers. **Cualquier persona, de cualquier ocupación y edad, puede utilizar lo que aquí comparto para mejorar su vida y la de los demás**.

Y lo mejor es que puedes comenzar con pocos seguidores.

Muchos suponen que necesitan millones de seguidores para poder influir en otros, pero están equivocados. En este libro aprenderás que hay diversos tipos de influencers, y que algunos no necesitan muchos seguidores para conseguir ganancias.

De hecho, en la campaña que te he compartido, no me dirigí a mis seguidores, sino al público en general. Es decir, conseguí esos resultados sin invitar directamente a mis seguidores.

Podría haber realizado la invitación en una red social en la que tengo más de 160,000 seguidores, pero preferí invitar a aquellos que no me conocían. **La confianza es clave en la profesión de ser influencer y no hice uso de ella para esta campaña, preferí usar otra estrategia:** *educar al consumidor*.

Existen muchas estrategias para ganar dinero como influencer y las aprenderás a lo largo de este libro.

A veces no te diriges a tus seguidores, sino a los internautas que están en distintas redes sociales. Así he ganado más dinero con otras campañas. **Debe quedarte claro que a veces no necesitas seguidores para ganar dinero, sino tener una estrategia**.

Las estrategias son necesarias para ganar dinero como influencer y son las que te compartiré en este libro. **Tener estrategias es importante para conseguir el éxito en Internet**. Para todas las campañas sigo estrategias y gracias a ellas, obtengo ganancias.

Por supuesto todo cambia, y en Internet, cambia mucho más rápido, por eso, para que sigas aprendiendo, te recomiendo visitar mi blog, en la dirección: **sintrabajar.com**

En el blog encontrarás:

- Más oportunidades para ganar dinero como influencer.
- Información actual sobre el tema.
- Actualizaciones de los contenidos de este libro.
- Materiales exclusivos.

Ese blog es el mejor recurso para seguir en contacto y la plataforma ideal para compartirte vídeos y demás material multimedia, que te ayudará en tu camino como influencer.

Como siempre, te agradezco por estar aprendiendo en este libro.

Juan Antonio Guerrero Cañongo

INFLUYE EN LOS DEMÁS

*El mundo en el que van a vivir nues-
tros hijos está cambiando cuatro veces
más rápido que nuestras escuelas.*

William Daggett

La primera computadora que conocí, fue la Commodore 64. Aún recuerdo estar frente a ella, viendo la demostración del vendedor del centro comercial donde la vendían. Aquella ocasión iba con mi padre, que no cedió ante mi insistencia para que la comprara.

Él dijo que ya teníamos una consola de vídeo (Atari) y una máquina de escribir, por tanto no necesitábamos una computadora.

No pude presionarlo más para que la comprara, porque lo que más se destacaba en la Commodore eran los juegos y no tenía conocimiento de qué más podía hacer una computadora en los años ochenta.

Varios años después, en 1989, llevaron la primera computadora a la escuela preparatoria a la que asistía, entonces comencé a usarla y me di cuenta que se podía hacer mucho más que jugar. Con ella, podía hacer cálculos matemáticos, realizar estadísticas, crear diseños gráficos y escribir ensayos.

Como ya comenzaba a prepararme como vendedor, decidí llevar a mi padre a la escuela, para que la viera funcionando y así se convenciera de comprar una para la casa. Ese año **le vendí la idea de que era útil para nosotros**.

A los pocos días de que me visitó en la preparatoria, ya teníamos una computadora en la casa. Mis recién descubiertas habilidades para vender habían rendido frutos.

Nunca tuve una Commodore, pero a partir de mi primera computadora, he tenido muchos ordenadores. La tecnología ha cambiado bastante en todos estos años y nuevas ocupaciones han surgido.

Muchos se hicieron millonarios creando software para la Commodore y para las primeras computadoras, otros miles consiguieron fortunas enseñando cómo usar esas máquinas. **La computadoras trajeron riqueza, pero Internet ha conseguido que más personas consigan fortunas en menos tiempo**.

Gracias a Internet muchos han conseguido bastante dinero y aún podemos seguir consiguiendo más y más. Esto apenas comienza y todos podemos vernos beneficiados de las nuevas tecnologías.

Si ya te has dado cuenta, con internet las ocupaciones han sufrido cambios importantes.

Aunque nuevas profesiones han surgido, la de influencer aún no tiene la importancia que debería. **Muchos incluso suponen que es un pasatiempo de adolescentes sin mucho futuro**.

Pero todo está cambiando, a veces tan rápido, que no se dan cuenta de la veta de oro que tienen frente a ellos.

Aunque propiamente ser influencer no es todavía una profesión, pues tiene que ser ofrecida por varias universidades antes de tener ese título, puedo asegurarte que pasarán muchos años más para que las instituciones de educación superior la integren en su oferta académica (ojalá me equivoque en esto).

Pero mientras las universidades ofertan esta nueva profesión, en este libro encontrarás mucha información para que comiences a ganar dinero con esa nueva ocupación.

Por cierto, creo que debemos llamarla profesión, en lugar de ocupación, porque debe ser una actividad profesional, más que un pasatiempo.

¿Quiénes contratan a influencers? Antes de responder esta pregunta, ejercitemos nuestra memoria.

Hace varios años, las empresas contrataban actores reconocidos para promocionar sus productos. Ellos hacían comerciales de esos productos, los que se repetían cientos y a veces miles de veces en la radio o televisión. El consumidor, al tener mayor exposición a ellos, terminaba comprando los productos que recomendaban.

Pero los consumidores poco a poco iban descubriendo que los actores solo recomendaban el producto porque les pagaban por ello, no porque estuvieran realmente convencidos para usarlo.

Pocas empresas se daban cuenta que la promoción boca a boca era más efectiva que los anuncios tradicionales.

Entonces llegaron las redes sociales y la mayoría de personas migraron a ellas. Incluso ahora, muchos programas de radio y televisión han migrado a las redes sociales, colocando ahí su contenido.

Con las redes sociales, el boca a boca, se hizo más eficiente. Imagina esto: si antes una ama de casa recomendaba un jabón lavatrastes a sus vecinas o amigas y ellas lo compraban por su recomendación, ahora puede compartirlo no solo con ellas, sino con las amigas de sus amigas y las vecinas de sus vecinas.

Una recomendación en cualquier red social puede ser vista por millones. Por eso las empresas han comenzado a darse cuenta de esto y contratan a influencers para que recomienden sus productos.

Han comenzado, por eso han tenido muchos errores, como el suponer que necesitan influencers con millones de seguidores para que su mensaje llegue a los consumidores. Lo cual no siempre es así.

En la campaña que realicé para la aplicación que te mencioné en la introducción, no me dirigí a los 160,000 seguidores, sino a seguidores nuevos. De hecho, necesitaba convencer a menores de 30 años para usar esa app, y mis seguidores son mayores de 40, así que no tenía caso recomendarla con ellos.

Coloqué el vídeo en Youtube, en un canal que no está dirigido a jóvenes, pero los jóvenes me encontraron. **En lugar de ir a buscarlos, ellos me encontraron**.

En ese canal tenía 2,000 seguidores, pero han usado la aplicación más de 10,000 personas hasta la fecha, reportándole ingresos considerables a la empresa propietaria de la app.

Una empresa tradicional no me hubiese contratado con esa cantidad de seguidores (2,000), porque de acuerdo con las antiguas reglas de la publicidad, son muy pocos, pero para las nuevas reglas del comercio digital, no importa la cantidad, sino las estrategias del influencer (además de su credibilidad, por supuesto).

Por eso te vuelvo a mencionar que no importa la cantidad de seguidores que tengas, sino las estrategias que usas para conseguir los resultados. En algunos casos, más seguidores no significan más ventas, como ya analizaremos más adelante.

Como toda profesión nueva, aún hay mucho que aprender.

Entonces, ¿quiénes están contratando a los influencers? Nos están contratando:

- Las empresas ya establecidas.
- Los nuevos emprendedores.
- El profesional que quiere más clientes.
- El comercio que desea vender más.
- Los creadores de aplicaciones.
- Los desarrolladores de software.
- Y en general todas aquellas personas que quieren que más consumidores los conozcan y adquieran sus productos o servicios.

Pero también ganamos dinero sin depender directamente de todos ellos, ya te iré mostrando más de esto durante el libro.

Los influencers tenemos más impacto que los actores, porque los internautas están buscando personas con sus mismos intereses, valores y habilidades, gente que sea auténtica y que no intente venderle algo.

Los actores son seres inalcanzables, pero los influencers somos personas como cualquier otra. **Y los influencers, al ser como ellos, les pueden dar recomendaciones adecuadas para mejorar su vida y la de los suyos**.

Y esto recién comienza.

Con Internet llegaron nuevas formas para ganar dinero, y muchas, como la profesión de influencer, están apareciendo todos los días. A pesar de las grandes oportunidades que están apareciendo, muchos no están aprovechando todo el poder de Internet.

En Internet, como en el mundo físico, los negocios están ahí, esperando a que alguien los lleve a cabo. Pero no hay magia en Internet, por eso, debes tener en cuenta que:

- Necesitas dedicarle tiempo a esta actividad de ser influencer.

- Si no tienes una entrega personal absoluta, no conseguirás resultados.

- Olvídate de promesas de ganar un millón de dólares en 24 horas.

- Como en todos los negocios, lo que más te costará trabajo, será comenzar, después será más sencillo (y divertido).

- Internet es un medio de comunicación en constante evolución y debes entender cómo funciona.

Tenemos una gran oportunidad actualmente gracias a Internet, por eso debemos aprovecharla. En este libro te iré compartiendo mucha información que te será útil para convertirte en un influencer que ayude a las personas y también se ayude a sí mismo.

Porque Internet llegó para quedarse y debemos aprovechar todas sus herramientas.

COMIENZA TU COMUNIDAD

Si no encuentras una forma de ganar dinero mientras duermes, morirás trabajando.

Warren Buffett

En el 2000 construí mi primer comunidad en Internet. En ese año, no existían las redes sociales y los blogs comenzaban a surgir.

Ese año, se me ocurrió crear un blog de una pequeña población, donde compartía noticias de él. Pronto descubrí que necesitaba crear contenido, y como no tenía mucho tiempo para ello, abrí un foro para que los visitantes compartieran información en él.

En ese foro se compartía mucha información, que era leída por miles de personas, quienes entraban a diario para saber más sobre ese pueblo. Gracias al foro, la comunidad participaba activamente y se creaba contenido diariamente.

Y pronto encontré la forma de ganar dinero con esa comunidad: vendía camisetas con fotografías del pueblo, tazas y discos compactos con fotos. Además un par de empresas me pagaban por publicidad insertada en el foro.

Descubrí que si creas una comunidad leal, puedes venderle algo fácilmente. A partir de ese primer experimento, comencé a crear comunidades en torno a distintos intereses.

Actualmente, una de mis comunidades, supera los 160,000 seguidores, tal como te compartía anteriormente. En esa comunidad comparto contenido relacionado con la década de los ochenta. Es una comunidad que construí como pasatiempo y me ha permitido conseguir varios contratos como influencer.

Tengo otras con distintas temáticas, y en muchas de ellas son los integrantes los que colocan contenido, cuidan de ella y supervisan a los demás miembros. Son comunidades autosuficientes que me reportan ganancias por distintos rubros.

Tú también puedes crear una comunidad en torno a tus intereses, habilidades o valores. Y esa comunidad te proporcionará reconocimiento, contratos como influencer y ganancias.

Crear una comunidad es la mejor estrategia para conseguir exposición, y por supuesto, ganancias constantes.

No solo se trata de tener presencia en las redes sociales y seguidores, **debemos tener presencia en una plataforma social y construir una comunidad activa en ella**.

Ese es el error de muchos: **tener solo seguidores y no miembros de la comunidad**. Los seguidores solo son un número, los miembros te responden cuando haces un llamado.

Recientemente leí sobre una actriz de una televisión mexicana, ella formó una comunidad de dos millones de seguidores en una red social, pero cuando les solicitó apoyarla en un proyecto televisivo, no tuvo la respuesta deseada. **Ella tenía seguidores, pero no miembros activos de la comunidad**.

No debes buscar solo seguidores, debes construir una comunidad con miembros que participen activamente, para que tengas resultados como influencer.

Tú debes ser el líder de tu comunidad y siempre estar pendiente de ella, escuchándolos y cubriendo sus necesidades, para que ellos te respalden cuando lo necesites. Para esto, tienes que:

- Darles un espacio en internet para que se reúnan.
- Proporcionales las herramientas necesarias para que se comuniquen entre sí.
- Participar activamente con ellos.

Podrías construir una comunidad en una red social, en un canal de vídeos, en un blog o en una escuela online, cualquier plataforma digital te servirá para crearla.

Mi comunidad de los ochenta, tiene mayor presencia en Facebook, específicamente en una Fanpage. A través del tiempo se han unido miles a ella, todos compartiendo los recuerdos de aquella época.

Si quieres crear tu comunidad en esa red social, debes tener en cuenta que tienes dos opciones para crearla:

- Una Fanpage.
- Un Grupo.

En la Fanpage puedes compartir texto, fotos o vídeos, los miembros opinan y comparten la publicación. En el grupo los miembros participan más activamente, ya que ellos pueden colocar texto, fotos y vídeo.

Yo tengo canales de vídeos, Fanpages y Grupos, **dependiendo de los objetivos para con mi comunidad**. Por ejemplo, tengo un Grupo de instructores de cursos online, donde ellos preguntan a otros profesores, comparten sus cursos, proporcionan consejos a los nuevos instructores y se apoyan entre sí. Esta comunidad es de instructores para instructores y desde el inicio, decidí que no le dedicaría tiempo, por eso abrí un Grupo en lugar de una Fanpage.

Una Fanpage necesita que tú inicies una publicación, mientras que un Grupo puede publicar cualquier miembro.

También tengo una comunidad en Youtube, con interesados en aprender sobre cómo vivir de Internet. En esta comunidad, la plataforma principal es el canal de Youtube, pero los envío hacia:

- Mi escuela virtual.
- Mi blog.
- Instagram.
- Twitter.
- Una Fanpage.

Yo decidí que la plataforma principal sería Youtube y de ahí enviaría a las demás plataformas. Esa estrategia me ha dado buenos resultados, pero si notara que ya no me los proporciona como antes, podría elegir otra plataforma como principal.

La interacción es clave para crear una comunidad, no debes olvidarlo.

En mis vídeos del canal de Youtube, los invito a preguntar y en otros vídeos contesto sus preguntas, esto les agrada bastante. **Sus preguntas me permiten seguir creando**

más contenido para el canal y así seguir atrayendo a más miembros.

El contenido es importante. Más adelante te explicaré más sobre esto.

La interacción y el contenido son importantes para tener éxito como influencer, no debes olvidarlo. No importa la cantidad de personas que te sigan, sino interactúas con ellas y no les entregas contenido de calidad, ellos no te harán caso cuando los necesites.

Muchos suponen que el objetivo es tener miles o millones de seguidores, pero si esos seguidores no se convierten en miembros activos, no servirá de nada.

Solo se convertirán en miembros activos cuando les agrade el contenido que creas y compartes. Si no se sienten atraídos por él, no tendrás miembros, solo seguidores.

Hay algunos grupos de Facebook con usuarios que tienen canales en Youtube, que piden a otros usuarios que se suscriban a su canal, solo para que incremente el número de suscriptores. No se dan cuenta que esos suscriptores nunca serán miembros de su canal, solo seguidores, y cuando necesiten alguna acción de ellos, no la conseguirán.

Supón que haces lo mismo y solicitas a cientos que se unan a tu canal donde compartes vídeos sobre juegos de mesa, ellos lo hacen y consigues 2,000 suscritos a tu canal. Entonces una empresa te contrata para que recomiendes su nuevo juego de mesa y por cada compra que realicen tus suscritos, ellos te darán el 40% de las ganancias.

Es muy probable que no consigas ninguna venta, porque tus suscritos solo se unieron a tu canal, pero nunca lo volvieron a visitar de nuevo. No les interesa tu contenido y mucho menos las recomendaciones que proporcionas en él. **No es la cantidad de usuarios lo que proporcionará ganancias como influencer, es el compromiso de tus miembros lo que te proporcionará ganancias**.

Tu canal debe crecer con miembros interesados en tu contenido, nunca con usuarios. Hasta ahora, debes darte cuenta que existen dos tipos de internautas:

1. Usuarios

2. Miembros de tu comunidad

Los usuarios son simples consumidores de contenido, que no les interesas, pero los miembros de tu comunidad crecen contigo, te recomiendan con sus amigos y quieren conocer más de lo que haces. **Siempre será mejor tener miembros, por eso te recomiendo crear una comunidad con ellos**.

Los miembros de tu comunidad, en algún momento se convertirán en superfans, y entonces tendrás su apoyo incondicional.

Los superfans son los mejores miembros que puedes tener, porque llevarán tu mensaje hacia todos los rincones del mundo físico y el digital, No dudarán en recomendarte y siempre los tendrás listos para apoyarte. **Por eso buscamos superfans**.

Otro error muy común es comprar seguidores. Si los compras, no tendrás miembros, tampoco seguidores, porque la mayoría de usuarios que venden, son bots, es decir, software o aplicaciones que aparentan ser personas. Comprar seguidores es peor, porque no hay personas detrás de tus 2,000 o 3,000 seguidores **Si los compras, estarás solo, creyendo ser un influencer**.

Enfócate en tener superfans y no solo seguidores, porque son ellos los que te ayudarán a ganar dinero.

¿Cómo tener superfans? **Una de las estrategias más simples es hacerlos partícipes de tu vida**.

Las personas que comienzan a seguirte con más regularidad, desean conocer todo de ti, ellos quieren conocer sobre:

- Tus intereses.
- Tus habilidades.
- Tus mascotas.
- Tu familia.
- Tu educación o preparación.
- Tus miedos.
- Tus logros.
- Tus fracasos.

Y muchos más aspectos de tu vida. **Ellos quieren conocer todo de ti, porque eres un referente para ellos**.

Por supuesto debes cuidar de tu vida personal y esconder algunas partes de ella para tu seguridad, pero debes compartir lo más que puedas con tus seguidores más leales, para que se conviertan en tus superfans.

En el mundo digital, como en el mundo físico, si alguien te interesa, quieres conocer más de él, por eso debes compartir todo lo que puedas con los miembros de tu comunidad, porque les importas y están interesados en ti.

AYUDA A OTROS A CONSEGUIR SUS OBJETIVOS

El negocio no tiene que ver con el dinero. Tiene que ver con hacer realidad los sueños, para los demás y para uno mismo.

Derek Sivers

Construir una comunidad es la mejor forma para tener un grupo de personas que confíen en lo que haces y te respalden todo el tiempo. **Tú tienes que liderar esa comunidad para ayudarlos, nunca para afectarlos**.

Sé de muchas personas que usan su influencia para afectar a otras personas, eso está muy mal.

Hace poco, en México, un grupo de supuestos influencers, quiso obtener comida gratis de un restaurante, como el comercio se negó a dársela, ellos comenzaron a desprestigiar el lugar.

Los clientes del lugar salieron en su defensa y esas personas que se autodenominaban influencers, quedaron evidenciados por sus malas prácticas.

Nunca debes usar tu nueva profesión de influencer para arruinar a otros, al contrario, **debes usarla para ayudar a otros**.

Si esperas obtener comida gratis por ser influencer, estás equivocado, en cambio, si encuentras un lugar que prepara excelentes platillos, ayuda a tu audiencia reco-mendándoselos, así los ayudarás.

Se trata de ayudar a tu audiencia, no de ayudarte a ti mismo. **Primero los ayudas y después recibirás las recompen-sas**. Por supuesto no debes ayudarlos pensando en esas recompensas, ellos están antes que nada.

Tu audiencia está esperando tus recomendaciones porque confía en ti, no los decepciones. Ellos saben que tú nunca buscarías algo malo para ellos, al contrario, quieres solo lo mejor para que ellos sean felices.

Tienes que liderar a tu comunidad para que ellos consi-gan sus sueños, solo así conseguirás los tuyos. Tus segui-dores han visto algo en ti, que no pueden encontrar en otro, por eso te siguen. **Aprovecha esa confianza para ayudarlos, y cuando lo hagas, tendrás tu recompensa**.

Primero ayudas a tu comunidad, entonces ellos confiarán en ti, después vendrá tu ganancia. Es una sencilla ecua-ción.

Pero —podrías preguntarte—, *¿cómo ayudar a mi comu-nidad?* Es sencillo, debes buscar que los miembros de tu comunidad:

- Se sientan mejor.
- Solucionen sus problemas.
- Se eduquen.
- Se vean mejor.
- Tengan seguridad.
- Posean emociones positivas.
- Satisfagan sus apetitos.
- Hagan su vida más fácil.

- Consigan sus sueños.

Tienes que ayudarlos con cualquiera de estos objetivos.

Todos los servicios y productos que les compartas, deben cubrir alguno de estos objetivos. Por supuesto, si cubren más de uno, será mejor. **Todo lo que compartas como influencer, debe ayudar a convertir al mundo en un lugar mejor**.

Cuando les compartí el vídeo mostrándoles cómo tener comida de forma gratuita gracias a la aplicación, cubrí el objetivo de satisfacer sus apetitos. Pero además los eduqué y ayudé a que solucionaran algunos de sus problemas.

Una persona se contactó conmigo para agradecerme porque realmente necesitaba comer gratis. Ella no tenía dinero cuando vio el vídeo, después de cubrir esa necesidad básica, ya podía pensar cómo generar ingresos, y así lo hizo, mi vídeo la ayudó a solucionar un problema.

Ese vídeo tuvo éxito porque ayudé a cientos de personas a cubrir uno o más de esos objetivos.

En algunos cursos presenciales que he impartido, les he mencionado a los asistentes que si se enfocaran a ayudar a un millón de personas cubriendo cualquiera de esos objetivos, tendrían su primer millón de dólares.

La ecuación es sencilla: **si cada una de esas personas pagan un dólar a cambio de su ayuda, conseguirá esa suma**. Y si no todos pagan un dólar, si podría conseguir que la mitad pague al menos dos dólares, o 100,000 de ellos paguen 10 dólares.

Tú también conseguirás tu primer millón de dólares si haces lo mismo.

Mi vídeo ayudó a muchas personas y a cambio, yo obtuve miles de dólares. Recuerda: **primero ayudas a las personas, después obtienes tu recompensa**.

Aquellos influencers que recomiendan ciertas prendas de vestir, se están enfocando en ayudar a sus seguidores a que se vean mejor, los que hacen reír a su comunidad, están ayudando a que tengan emociones positivas, y cuando soliciten la ayuda de su comunidad, la obtendrán.

Si construyes una comunidad en torno a cualquiera de esos objetivos, tendrás ingresos constantes, por eso es importante que los tengas en cuenta.

¿En qué objetivo se centrará tu comunidad? **Debes tenerlo muy claro para construirla**. ¿Cómo vas a ayudar a tus seguidores? ¿Qué objetivo les ayudarás a conseguir?

Construimos comunidades en torno a uno o más de esos objetivos. **Todo lo que hacemos en nuestra comunidad, busca cubrirlos**, no lo olvides.

No ganamos dinero con lo que nos pagan las empresas por recomendar sus servicios o productos, ganamos dinero cuando ayudamos a nuestra comunidad para llegar a sus objetivos. **Eso que recomendamos, debe ayudar a nuestra comunidad a conseguir sus objetivos, solo de esa forma ganaremos dinero**.

Por eso no debes recomendar cualquier producto o servicio, debes recomendar solo aquellos que realmente ayuden a tus seguidores.

Si ayudas a un millón de personas con tus recomendaciones, tendrás tu primer millón de dólares. Recuerda esto y no lo olvides.

Por eso necesitas seleccionar adecuadamente lo que recomendarás, no compartas aquello que ni tú utilizarías, porque no estarás ayudando a tu comunidad.

Como en la vida, debes aprender con quién asociarte. **Nunca le digas que sí a todas las empresas o personas que te pidan que recomiendes sus productos o servicios**, debes estar plenamente convencido que lo que ofrecen va a ayudar a tu comunidad.

En estos momentos estoy preparando otra campaña como influencer para una herramienta, sus creadores me pidieron que la recomendara desde hace seis meses, en todo ese tiempo la he usado y es hasta hace poco que estoy preparando la campaña de promoción. Sí, es mucho tiempo, pero mis seguidores merecen lo mejor.

Por supuesto no siempre es así, a veces es menos tiempo, porque son herramientas que uso a diario y que ya estoy convencido de su utilidad.

Tus seguidores quieren que les proporciones una recomendación útil, **basada en tu experiencia real de uso**, y no esperan que simplemente les recomiendes algo porque te están pagando por ello. **Tienes que entregar contenido de valor, que ayude a tus seguidores**.

La experiencia real de uso es muy importante y no la debes pasar por alto. Aunque no me han pagado por recomendarla, he realizado un par de vídeos de una cámara profesional de fotografía y vídeo. Los he realizado porque creo que es una opción adecuada para mis seguidores.

Estoy plenamente convencido de esta herramienta y la recomiendo sin dudar, como lo estoy de mi estabilizador de smartphone que utilizo para conseguir tomas cinematográficas, entre más herramientas que uso a diario y las que he dedicado muchos vídeos. Mi audiencia puede tomar una mejor decisión viendo estos vídeos y aunque no gano dinero, estoy ayudándolos.

Primero los ayudo, después vendrán las recompensas.

OBSESIÓNATE EN CREAR CONTENIDO DE VALOR

No hacer nada está al alcance de cualquiera.

Samuel Johnson

Tengo una amiga, que es escritora, muy buena escritora, pero solo tiene dos libros. Tiene dos libros, porque tiene miedo que le roben sus ideas.

Se animó a compartir sus ideas en sus dos libros, pero no quiere compartir más, porque han copiado ilegalmente sus libros y los están regalando en varios sitios en Internet. Sus ideas son tan interesantes, que muchos no dudan en compartirlas, de forma ilegal en muchos sitios.

Sí, eso de compartir ilegalmente está mal, pero ella no se ha dado cuenta que sus ideas tienen tanto impacto, que miles de personas no dudan en compartir sus escritos, aunque sea de esa manera.

Muchas veces, la mejor forma de darnos cuenta de que un libro vale la pena, es por la cantidad de copias ilegales que existen. Si muchos lo comparten, es que vale la pena. **Esto pasa porque las cosas buenas, no se pueden ocultar, ya que siempre habrá alguien que las va a compartir**.

Ella entregó tanto contenido de valor en sus libros, que las personas no dudaron en compartirlo con miles de personas. **Si ella creara un blog donde comparta más ideas,**

las personas lo recomendarían sin dudar, porque todos desean compartir las cosas buenas. Y si tuviera un canal de vídeos, las personas lo recomendarían a todos.

Mi amiga ha creado poco contenido de valor y sus lectores desean aún más y más contenido con esas características. **Aunque en Internet abunda el contenido, hace falta mucho contenido de valor.**

Puedes encontrar de todo en la red de redes, pero encuentras poco contenido de valor. **El contenido de valor, es aquel que es útil para tus seguidores, es todo contenido que atiende las necesidades de tu audiencia.**

Entrega contenido de valor a tu audiencia y no dudarán en compartirlo.

Responde a estas preguntas para encontrar el contenido adecuado para tu audiencia:

- ¿Qué necesita en este momento tu audiencia?

- ¿Qué contenido solucionaría un problema que actualmente tengan?

- ¿Qué podrías ofrecer que otros creadores de contenido no estén compartiendo?

Tú puedes ofrecer contenido útil a tus seguidores, **pero debes conocerlos.** Cuando conozcas sus necesidades, podrás darles exactamente las soluciones que están buscando.

Por ejemplo, en este momento, estoy haciendo una serie de vídeos en mi canal, sobre una plataforma de cursos. Sabía qué debía hacer, porque en una investigación previa, el tema que más buscaban las personas con características similares a mi público meta, era el uso de esa plataforma. Como tengo varios años usándola, hice tres vídeos, que atrajeron a más seguidores, quienes comenzaron a preguntar más y más sobre ella, permitiéndome darles contenido útil.

Si es útil para tus seguidores, no dudarán en compartirlo con más personas. **Así irás construyendo una comunidad sólida**.

Creas y compartes contenido de calidad y construyes tu comunidad, así de sencillo.

Creando y compartiendo contenido de calidad, no tendrás problema para tener una audiencia que irá creciendo constantemente.

Esa es la mejor forma de influir a las personas: **crear comunidades y entregarles contenido de calidad**.

Mi amiga tiene buenas ideas para crear contenido de valor, pero no lo crea y lo comparte, porque tiene miedo. En esta nueva era, debes acostumbrarte a que tu contenido se comparta con muchas personas, incluso de manera ilegal.

No te asustes, a veces es necesario que se comparta de esa forma, para que en un futuro compren tus productos o servicios.

El principal enemigo a vencer en esta época, es el anonimato, por eso debes permitir que tu contenido de valor se comparta, para que millones de personas te conozcan. **Y si te conocen, nada te detendrá como influencer**.

Tienes que dejar el anonimato, si deseas ser un influencer. En uno de mis cursos presenciales, termino asegurando que, para conseguir tu libertad financiera, tienes que convertirte en una celebridad. Y como celebridad, te convertirás en un influencer.

Para salir del anonimato, debes compartir contenido de valor, **y con ese contenido, tus seguidores te tendrán confianza**.

Ofrece contenido útil de forma generosa y los seguidores nunca te faltarán. Ellos te conocerán más, te tendrán confianza y te recomendarán con sus amigos y conocidos.

Puntos clave que no debes olvidar:

- Crear y compartir contenido de valor.
- Eso te ayuda a salir del anonimato.
- Lo anterior le dará confianza a tus seguidores.
- Qué no dudarán en seguir tus recomendaciones como influencer.

Si conoces a tus seguidores, podrás darles exactamente lo que ellos necesitan, así cubrirás sus necesidades, y te pagarán adquiriendo lo que tú recomiendes.

Tu objetivo debe ser ayudar a los demás, solo así conseguirás el dinero. **Cuando nos enfocamos en ayudar a los demás, todo es más sencillo**.

Por eso tienes que conocer a tus seguidores, para ayudarlos de forma adecuada.

CONVIÉRTETE EN UN PRODUCTOR

Si perdiera todo mi dinero, pensaría en otra necesidad fundamental de la gente y respondería a esa necesidad ofreciéndole un servicio menos caro que el que le ofrezca cualquier otro. En cinco años sería millonario otra vez.

Henry Ford

Posiblemente tengas conocimiento de que actualmente en Cuba los hogares no tienen acceso a Internet, tampoco a canales de televisión por cable.

Alguien descubrió que los habitantes deseaban ver programas de televisión, documentales y vídeos de Youtube, por lo que inventó una distribución de contenido que llamó "El paquete semanal".

El paquete semanal es un disco de un terabyte de capacidad, que se lleva casa por casa para que los habitantes escojan y copien el contenido que les interesa. Existe contenido para todos los gustos, desde reality shows, hasta vídeos de Youtube.

Todas las semanas ofrecen contenido nuevo y siguen incluyendo más y más contenido, porque los habitantes desean ver más y más.

El paquete semanal tiene contenido seleccionado, porque sería imposible colocar todo el contenido existente en Internet y en la televisión por cable.

Pero también es imposible consumir un terabyte de información, por lo que los habitantes escogen solo poco contenido para ver durante la semana.

Los que distribuyen el paquete semanal, saben cuál es el contenido más buscado y lo colocan en el disco duro cada semana. Los distribuidores ganan dinero colocando el contenido y los consumidores gastan dinero para ver el contenido.

Aunque ellos no crean el contenido, sí están creando un canal de distribución, que les aporta ganancias, ¡bastantes ganancias! Obviamente, la distribución es ilegal, pero esa distribución está ayudando a los creadores de contenido de Cuba a ganar dinero.

Al darse cuenta de que otros crean contenido, muchos jóvenes han comenzado a documentar su día a día en Youtube y varios ya han conseguido miles de seguidores.

Esos jóvenes Youtubers se están convirtiendo en celebridades reconocidas por personas que no viven en la isla, ganando dinero por la publicidad en Youtube. La mayoría de habitantes de Cuba no están consumiendo el contenido de los Youtubers cubanos, pero lo consumen de otros países.

Los creadores ya están ganando dinero, y los consumidores están gastándolo.

Existen dos tipos de personas: **los consumidores y los productores**. Los primeros están devorando lo que los segundos crean. **Los consumidores gastan dinero y los productores ganan dinero**.

Los consumidores son millones en todo el mundo, buscando más y más contenido de los productores. **Un influencer es un productor que crea contenido para los consumidores**.

Muchos Youtubers cubanos están convenciendo a los extranjeros a visitar su país, llevando más dinero a su isla. A la larga, el país se verá beneficiado gracias a ellos.

No solo en Cuba se verán beneficiados, todos los países están beneficiándose con los youtubers e influencers.

Y los influencers se están beneficiando porque son productores, creando contenido para los millones de consumidores que quieren más y más.

Solo si te conviertes en productor, conseguirás mucho dinero. No lo olvides, **los productores ganan dinero, los consumidores lo gastan**. Por eso debes convertirte en productor.

Tienes que crear contenido para tus consumidores. **Y crear contenido es ahora más sencillo que antes**.

A principios de la década de los noventa, mi padre compró una videocámara para vender el servicio de filmación de eventos sociales. Por lo menos seis veces por mes, nos contrataban para filmar eventos.

Como la demanda iba en aumento, compró una segunda cámara de vídeo, que yo usaba. Vendíamos bastantes porque las cámaras profesionales de vídeo eran muy costosas y pocas personas podían comprarlas. Ahora, muchos poseen un teléfono inteligente con capacidad de grabar vídeo. Y ese vídeo tiene una gran calidad, incluso mejor que la de las videocámaras de aquellos años.

Actualmente es muy fácil grabar en vídeo y crear contenido multimedia para las distintas plataformas de Internet. La democratización de la tecnología le permite a cualquiera convertirse en productor.

En el pasado, pocos eran productores de contenido, ahora, cualquiera puede convertirse en uno de ellos.

Estamos en una época dorada que no debemos desaprovechar.

Tienes que convertirte en productor y buscar a tus consumidores. Como productor, vas a compartir tu contenido para ayudar a tus consumidores.

No lo olvides: **debes crear contenido de valor para ayudar a un millón de consumidores**. Solo así conseguirás tu primer millón (y tu segundo, tercero, cuarto...). Conviértete en un productor y ayuda a un millón de consumidores, solo de esa forma conseguirás una fortuna.

Así como en Cuba, en todo el mundo hay miles de personas buscando contenido, por eso tienes que producirlo, para cubrir esas necesidades.

¿Qué contenido crear? Es simple, tu contenido debe ayudar a que un millón de personas (o más):

- Se sientan mejor.
- Solucionen sus problemas.
- Se eduquen.
- Se vean mejor.
- Tengan seguridad.
- Posean emociones positivas.
- Satisfagan sus apetitos.
- Hagan su vida más fácil.
- Consigan sus sueños.

¿Recuerdas estos ocho puntos? No debes olvidarlos, pues solo si te enfocas en hacer contenido que cubra estas necesidades, podrás tener un gran impacto en los consumidores.

Crea tu comunidad y busca a más personas para que se integren a ella. **Ayuda a un millón de personas a cubrir sus necesidades y ganarás mucho dinero**.

Debes producir contenido valioso, que tenga en cuenta lo anterior, para que más personas se beneficien con él. **Produce el contenido, distribúyelo y conecta la oferta con la demanda**.

Acabo de compartirte una fórmula que te permitirá tener éxito como influencer, te la voy a repetir en pasos:

1. Produce contenido valioso.

2. Distribuye ese contenido.

3. Conecta la oferta y demanda.

Vamos con un ejemplo.

Para la herramienta de vídeo que estoy promocionando actualmente, estoy creando varios vídeos sobre cómo usarla. Uno de ellos, lo título *"Cómo crear un vídeo de portada para Facebook e intro para tus vídeos"*, ese material muestra cómo usar la herramienta para hacer un vídeo de portada para Facebook y es uno de mis vídeos más vistos hasta el momento.

Ese vídeo es el contenido valioso para las personas (sean o no mis seguidores), lo distribuí en Youtube, consiguiendo posicionarse como uno de mis vídeos más vistos y lo consiguió porque en estos momentos, son muchas personas las que están buscando este contenido.

Hice esto:

1. Produje un vídeo con información valiosa para muchos.

2. Lo distribuí en Youtube.

3. Por medio de su algoritmo, hice que los que buscaban información sobre el tema, llegaran al vídeo.

Por supuesto me interesa que más personas se den de alta en la plataforma de la herramienta, porque muchos de ellos comprarán esa aplicación y yo obtendré dinero por cada compra.

Utilizando esa fórmula voy a conseguir más dinero como influencer. **Eso es lo que tienes que hacer tú también**:

1. Produce contenido valioso.

2. Distribúyelo en una o varias plataformas.

3. Conecta la oferta y la demanda.

No solo debes concentrarte en crear contenido, debes aprender cómo distribuirlo y cómo llegar a las personas adecuadas para que lo consuman.

Solucioné el problema de muchos que buscaban esa información mediante un vídeo que distribuí en Youtube. Es lo mismo que hice con la empresa de servicios a domicilio, ¿te das cuenta?

Entonces, para que tú tengas éxito como influencer, debes:

1. Crear contenido de valor.

2. Distribuirlo en las plataformas adecuadas.

3. Utilizar los algoritmos de las plataformas y las redes sociales a tu favor, para llegar a la mayor cantidad de personas (conectar la oferta y la demanda).

Nos convertimos en productores, distribuimos lo creado en las diferentes plataformas y conectamos la oferta con la demanda, es simple y seguirás aprendiendo sobre esto en los siguientes capítulos.

DISTRIBUYE TU CONTENIDO EN LAS PLATAFORMAS ADECUADAS

Empieza donde estás. Usa lo que tienes. Haz lo que puedas.

Arthur Ashe

Para muchos, lo más complicado es tener un producto promover, vender o distribuir. No deberían de preocuparse, pues existen tres tipos de productos para ganar dinero:

1. Los que tú creas.

2. Los que crean otros y te otorgan el permiso de distribución.

3. Los que crean otros y tú recomiendas.

En el primero, tú tienes todo el control, pues es un producto tuyo. En la segunda opción, el creador te otorga un permiso de distribución, dándote un porcentaje por ella, y en el tercer caso, tú obtienes dinero por recomendar el producto, sin preocuparte si se vende o no.

Como influencer, ganarás dinero con las tres opciones.

Por supuesto la primera requiere que le dediques más tiempo que las demás, la segunda te requerirá tiempo y atención (aunque no tanta como si fuera tuyo el producto) y la tercera es la que menos tiempo te exigirá.

Para la tercera opción, tú simplemente crearás material para promocionarla y recibirás un pago por ello, sin importar si hay ventas o no. Aunque podría parecer la mejor opción, ten en cuenta que solo recibirás el pago una sola vez, en las otras, podrás recibir ingresos constantemente.

En mi caso busco tener los tres tipos de productos, para asegurarme ingresos constantes, te recomendaría algo semejante.

Y los ingresos llegarán cuando te enfoques a crear contenido de valor para los productos que recomiendes.

Crea el contenido y distribúyelo en las distintas plataformas de Internet. Existen bastantes y cada una tiene características diferentes.

Voy a compartirte algunas plataformas sociales donde podrías compartir tu contenido. Todas tienen seguidores en estos momentos (esto podría cambiar con el tiempo) y todas le reportan buenos resultados a los influencers, pero por supuesto, deberás probar si ellas le convienen a tu contenido:

Facebook es una red social que tiene la opción para compartir vídeos, fotos, animaciones gráficas y texto. Es la red social de los "de mayor edad", esto de acuerdo con los jóvenes.

En Facebook se reúnen los amigos de la escuela para recordar viejos tiempos, las personas para hacer nuevos amigos y algunos para buscar pareja. Definitivamente sí es una red social de los adultos jóvenes o adultos en plenitud.

Youtube es una plataforma de vídeos, donde cualquiera puede convertirse en productor multimedia. Actualmente es la plataforma número uno, desplazando incluso al buscador Google.

Anteriormente las personas buscaban información en Google, ahora la buscan en Youtube. Y la encuentran, ya que existen miles de creadores con distinto contenido en ella, cubriendo las necesidades de una gran parte de los internautas.

El contenido que más se consume en la actualidad es el vídeo, por lo que muchos influencers hemos optado por esta herramienta para conectar la oferta y la demanda, y preferimos Youtube, porque son millones de personas buscando lo que ofrecemos.

En Youtube se comparte vídeo. Sí, parecería obvio, pero debo enfatizarlo, porque muchos optan por compartir audio con una imagen, o texto con música. Ese tipo de contenido no es el que buscan los internautas, ellos están buscando imágenes en movimiento y audio. Si quieres compartir una imagen, utiliza Facebook, también aplica si quieres compartir texto.

Twitter es una red social para compartir más texto que multimedia. En esta plataforma se comparte texto breve y las personas entran buscando eso: texto. Y como es breve, es una plataforma en la que entran a informarse de forma rápida del acontecer diario.

A los usuarios no les interesa permanecer en la plataforma viendo fotos o vídeos, **ellos van a leer**. En Youtube van a ver vídeos, en Twitter a leer y a Facebook a pasar el tiempo.

En Instagram van a ver fotografías, ilustraciones e imágenes en general y en Tik Tok a ver vídeos cortos, muy cortos. Llevo poco tiempo en Tik Tok, invitado como influencer por la dirección de esa plataforma en México, y sigo admirado del poder que va adquiriendo.

Aunque tienes dos opciones de vídeo, de 15 segundos o un minuto, la mayoría optan por los 15 segundos, demostrando que un mensaje potente se puede exponer en 15 segundos e incluso menos.

Los adolescentes son la mayoría en esta plataforma, pero los de mayor edad ya estamos llegando para aprovecharla.

Recientemente hice un vídeo promocionando un servicio, y en menos de dos días, tenía más resultados de los esperados. **¡Y solo con 15 segundos de material!** Esto me demostró que las nuevas generaciones quieren mensajes cortos, potentes y directos.

Por supuesto hay más plataformas para llevar tu mensaje, pero estas son las que estoy usando en estos momentos y tengo constancia de su poder para distribuir tu contenido.

Te recomiendo usarlas, además de probar con otras, **para determinar cuáles son las adecuadas para influir en tus seguidores**.

Punto clave que no debes olvidar: **Tienes que encontrar las plataformas adecuadas para influir en tus seguidores**.

Y tampoco debes olvidar que necesitas:

1. Un producto.

2. Un difusor.

3. Un lugar adecuado.

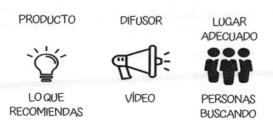

En esta ilustración, te estoy compartiendo una fórmula secreta para conseguir el éxito como influencer. **Eso que recomiendas, debe tener un difusor, que en este caso, es un vídeo; también debe estar en un lugar adecuado: con las personas que lo buscan.**

Imagina que estás recomendando un gimnasio de tu localidad. Creas un vídeo mostrando sus instalaciones y en él incluyes entrevistas a algunos usuarios, quienes comparten que se inscribieron al gimnasio porque deseaban adelgazar. Ya que tienes el vídeo, lo compartes en Youtube, cuidando que las palabras clave sean encontradas por personas que tengan el objetivo de adelgazar y vivan en esa zona. **El producto es el gimnasio (propiamente las inscripciones a él), el difusor es el vídeo y el lugar adecuado es Youtube.**

Los influencers estamos utilizando esa fórmula ganadora:

Producto + Difusor + Lugar adecuado

Tú también tienes que utilizarla para tener éxito. No basta con tener un producto, **debes tener una forma de compartirlo y un lugar dónde difundir tu mensaje.** Por eso tenemos éxito con esta fórmula.

Cualquier producto se venderá si sigues esa fórmula. Yo la seguí y otros la están siguiendo, ahora es momento en que la sigas tú también. **¿La vas a seguir?**

ELIGE EL DIFUSOR ADECUADO

Para hacer una tarta de manzana,
primero tienes que crear un universo.

Carl Sagan

Recientemente realicé un vídeo para una empresa de telefonía. Debía mostrar una función de su servicio en un vídeo, sin importar la cantidad de minutos que destinara para ello.

Sin pensarlo mucho, opté por un microvídeo, de 35 segundos. ¿Por qué esa cantidad? Es sencillo, porque iba dirigido a jóvenes. **Los jóvenes no iban a soportar un vídeo de dos minutos, ellos desean que vayamos directo al punto**.

El vídeo tuvo miles de reproducciones y consiguió el objetivo buscado. En pocos segundos enseñé lo básico y conseguí que mi público tomara acción inmediatamente.

Ese material lo compartí en una plataforma dedicada a los microvídeos, que está enfocada a los jóvenes. También hice una versión de un minuto que coloqué en mi canal de Youtube.

¿Recuerdas la fórmula que te compartí en el capítulo anterior? **El microvídeo era el difusor del mensaje (producto) y la plataforma de microvídeos era el lugar adecuado**.

Si compartía el microvídeo en Youtube, era muy probable que pocos lo consumieran y compartieran, por eso opté por un lugar adecuado. De hecho, el vídeo de un minuto tuvo cien reproducciones, mientras el microvídeo tuvo miles de reproducciones.

Tal como ya sabes, el lugar adecuado importa, **como también importa el difusor adecuado**.

Si hubiese compartido una imagen, no hubiese conseguido el resultado deseado, porque el objetivo era mostrar lo que tenían que hacer con su teléfono. Una ilustración no contendría la información necesaria y pasaría desapercibida. No estoy afirmando que la imagen sea obsoleta, afirmo que no era el difusor adecuado para esa campaña.

Hay muchos difusores, pero tienes que saber cuáles son los adecuados para mostrar tu producto y cuáles son los adecuados para llegar a las personas correctas.

Aunque el vídeo es el difusor más potente, existen otros que te ayudarán a llevar tu mensaje a tu público objetivo:

- Fotografías.
- Ilustraciones.
- Infográficos.
- Gráficas.
- Archivos de audio.
- Texto.
- Ebooks.
- Cursos.
- Conferencias.
- Webinars.

Todo depende de qué mensaje quieres difundir. Por ejemplo, si quieres vender juguetes, te convendría más el uso de fotografías detalladas del producto que un archivo de audio.

¿Tu público consumirá tu contenido mientras viaja en automóvil? Entonces opta por el archivo de audio. Podrías hacer varios episodios de un podcast, para que los escuchen mientras están en su transporte.

El podcast es una emisión grabada, semejante a un programa de radio, que puedes distribuir en distintas plataformas de audio. En los episodios del podcast, podrías describir tu producto.

Incluso para vender juguetes, podrías crear un podcast, describiendo tu producto e invitando a que visiten las fotografías que tienes en Instagram o cualquier otra plataforma para compartir imágenes. Por supuesto las verían cuando ya no estén conduciendo y con esa acción seguirán consumiendo tu contenido.

Hay difusores principales y otros secundarios. En el ejemplo de los juguetes, el principal serían las fotografías y el secundario sería el podcast. Uno depende del otro y con ambos tendrás mayor impacto.

En una de mis comunidades utilizo vídeos como mi difusor principal, que distribuyo en Youtube. En ellos invito a visitar mi blog, donde encontrarán imágenes y texto, mis difusores secundarios.

Esto lo llamo una estrategia de telaraña, porque se asemeja a la red de una araña, donde cada hilo representa a un difusor, conectado con otro, creando una telaraña que atrapa a mis seguidores. **Esta estrategia me es muy útil y así consigo más impacto con mis mensajes**.

Como ya debes de imaginarte, tienes que **crear tu propia estrategia de telaraña**:

- ¿En dónde comenzarán tus seguidores? ¿En Youtube? ¿En Facebook?

- ¿A dónde los enviarás para seguir consumiendo tu contenido?

- ¿En dónde tomarán una decisión de compra?

Esta es una telaraña que suelo usar:

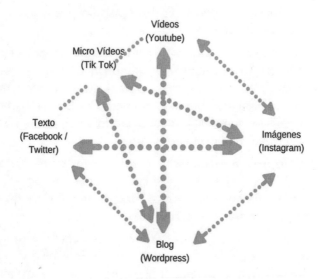

En cada una de las conexiones, les proporciono contenido de valor, para crear confianza. También, en cada una de ellas, los invito a realizar una acción. Al visitar mi blog, se les invita a dejar su correo electrónico en mi lista de correo, así puedo estar en contacto con ellos posteriormente.

Con la telaraña de contenido, creas confianza, que te permitirá vender posteriormente.

El difusor es importante, como lo es escoger el lugar adecuado para colocarlo. Para escoger adecuadamente, es importante que conozcas a tu comunidad, tal como te compartí anteriormente.

Por cierto, no hay un manual de procedimientos para el difusor y el lugar adecuado, por eso, debes experimentar constantemente. Aunque muchos rechazan el ensayo y el error como método para tener éxito, para ser influencer, deberás recurrir a él. No hay nada completamente cierto en esta nueva profesión, así que tendrás que experimentar constantemente con el difusor y con el lugar adecuado.

Analiza siempre tus resultados y determina qué cambiarás para la próxima ocasión, de esa forma irás teniendo mayor éxito en tu actividad como influencer.

Para ser influencer, debes analizar tus estadísticas y toda la información que te aporten tus seguidores:

- ¿Qué contenido consumieron antes de llegar a ti?
- ¿Qué contenido consumieron después de ti?
- ¿Quién les recomendó tu contenido?
- ¿Qué buscan en tu contenido?
- ¿Cuánto tiempo destinan para consumir tu contenido?
- ¿De dónde son tus seguidores?
- ¿Qué edad tienen?
- ¿Cuál es su ocupación?
- ¿A qué otros influencers siguen?

Procura investigar lo más que puedas, para tener un perfil exacto de tus seguidores, así podrás ofrecerles soluciones acordes a sus necesidades.

CREA CONTENIDO CONSTANTEMENTE

Cuando consigas un artículo que sabes va a complacer a tus clientes y que cuando lo hayan probado van a sentir que vale lo que pagaron por él, permite entonces que todos se enteren de que lo tienes.

Phineas Taylor Barnum

Los influencers somos creadores de contenido que ayudan a los demás, el contenido que creamos es muy diverso y para distintos tipos de personas, y **si quieres ser un influencer, debes crear contenido constantemente**.

Tu contenido ayudará a convencer a más y más personas para tomar decisiones, por eso debes crearlo y compartirlo constantemente. No debes dejar pasar ningún día sin crear contenido de calidad.

¿Quieres ideas para crear contenido? Puedes hacerlo a partir de:

- Lo que ya conoces.
- Consejos de cómo hacer algo.
- Respuestas para preguntas comunes.
- Resúmenes de conferencias, libros o cursos.
- Compartir tu opinión sobre un tema actual.
- Una entrevista que concediste.

- Una entrevista que hiciste a otro profesional.

Estos puntos te darán ideas para crear tu contenido. Por ejemplo, si tienes un canal de vídeos enfocado a la educación infantil, podrías crear un vídeo compartiendo un consejo sobre cómo educar a un pequeño de dos años, a partir de tu experiencia como profesional del área.

También podrías crear una entrada en tu blog con las respuestas a las preguntas que tus lectores dejan en tu canal de vídeo, tus redes sociales y en tu correo electrónico.

¿Y por qué no crear un episodio para tu podcast con un resumen de una conferencia que impartiste hace algún tiempo? Otra idea sería compartir alguna fotografía en Instagram de un juego de mesa, explicando la importancia de jugarlo en familia y lo que aprenderán cuando lo hagan.

Crea constantemente contenido y compártelo con tus seguidores. Recuerda, **necesitas generar confianza entre tus seguidores, por eso tienes que crear contenido de valor constantemente**.

Hay otra estrategia que me es útil y también te servirá: **reciclar tu contenido**. Por ejemplo, a partir de ese vídeo que hiciste sobre cómo educar a un pequeño de dos años, podrías:

- Transcribirlo y usar el texto para crear un artículo para tu blog.
- Extraerle el audio y usarlo en tu podcast.
- Extraer el audio, dividirlo en varios archivos de audio y compartirlos en tu lista de correo.
- Crear otro vídeo a partir de las preguntas que te hicieron sobre él.

También puedes reciclar el contenido antiguo, creando nuevo material con él. Es importante crear nuevo contenido constantemente y lo creado hace meses te puede servir para crear más.

Todo el contenido te sirve para hacer nuevo contenido.

Mi libro "*El secreto para multiplicar tus ingresos*" fue creado a partir de transcripciones de las grabaciones de una mentoría individual que impartí hace tiempo.

En la mentoría grabé las sesiones, para que mi cliente las escuchara posteriormente y repasara los conceptos tratados ahí. Al volverlas a escuchar, me di cuenta que había mucha información que podía usar para crear un nuevo libro, solicité el permiso de usar el contenido a mi cliente, ella aceptó, cambié su nombre, redacté el texto a partir de lo que ya tenía y listo, tenía un nuevo libro.

No solo fue el libro, a partir de la información, impartí un curso y algunas conferencias. Además no usé toda la información de las grabaciones, así que podría crear nuevo contenido a partir de lo que no usé.

Por eso te recomiendo reciclar todo tu contenido, para aprovechar al máximo tus recursos.

¿Sabes qué empresa es experta en reciclar su contenido y crear nuevo contenido a partir del que ya tiene? La franquicia de Star Wars.

Todo comenzó con el episodio IV, en 1977.

Desde ese episodio se han creado más películas, series animadas, historietas y libros. En estos momentos está una serie más y se espera otra en unos meses más. Lo que George Lucas creó, aún puede proveer bastante material para el cine, la televisión y las librerías, porque cada protagonista tiene una historia interesante que puede ser contada.

Desde 1977 hasta la fecha, su creador ha ganado millones de dólares, sin tomar en cuenta los derechos por el uso de su marca, simplemente creando contenido a partir de lo ya creado. Reciclar su contenido le ha proporcionado millones de dólares y podría hacerte ganar dinero a ti.

¿Qué puedes hacer para crear un universo de contenido semejante al de Star Wars?

Si aún no sabes cómo comenzar a crear tu comunidad y compartir contenido con ella, comienza con un blog. Si hoy comenzara de nuevo a construir una comunidad, haría lo siguiente y en este orden:

1. Un blog.

2. Un canal de Youtube.

3. Un perfil en Instagram.

Todo comienza en el blog, porque es el primer y último contacto que tienen las personas conmigo y mi marca. En el blog puedo colocar más información sobre lo que hago, también puedo colocar las formas que tienen mis seguidores para contactarme.

Tomando en cuenta que las personas utilizan todavía Google para buscar lo que necesitan, en mi blog colocaría mucha información valiosa, para que me encuentren fácilmente. En mi blog colocaría distintos vídeos y siempre les recomendaría ir a mi canal de Youtube e Instagram por más contenido.

En mis vídeos de Youtube y en su descripción mencionaría que deben visitar mi blog para aprender más sobre los temas que comparto. Mi canal y el blog se interrelacionan, al igual que Instagram.

Esta estrategia de teleraña me aseguraría más visitas y mayor presencia en la red de redes. **Es lo que hago y es lo que te recomiendo hacer**.

Como influencer, necesitas más y más seguidores, y con estas estrategias los conseguirás. **Comienza con un blog, crea tu canal de Youtube y ten presencia en una red social**.

Y en las tres, crea contenido de valor. Haz que las personas lo compartan con más personas y siempre piensa cómo puedes ayudarlos aún más con tus contenidos. **Crear una comunidad debe ser tu prioridad, al igual que compartirles siempre contenido de valor**.

El blog es ideal para compartir ese contenido que ayudará a más personas.

En el blog hay dos clases de publicaciones:

1. Las páginas.

2. Las entradas.

Las dos son importantes y diferentes. Las páginas te permiten compartir contenido que no tiene fecha de publicación o caducidad, mientras que las entradas se almacenan de acuerdo a su fecha de publicación.

Es simple, las entradas son publicaciones en forma de diario, con una fecha de publicación, mientras que las páginas, son estáticas, sin organización por fecha.

Por ejemplo, imagina que este libro lo compartiera en mi blog, ¿qué supones que usaría para hacerlo? Utilizaría las páginas. En cada página colocaría un capítulo y usaría una página más para el índice. Si usara el formato de entradas, se les asignaría una fecha y esto las ordenaría de acuerdo a ella, y esto podría confundir al lector (recuerda que estoy compartiendo el libro).

Pero si quisiera compartir algunos capítulos del libro, conforme los voy escribiendo, usaría el formato de entradas, para que el lector se dé cuenta de las fechas y orden en el que voy escribiendo el libro.

Un ejemplo más: En mi blog he compartido las herramientas que utilizo a diario como creador de contenido, como la cámara que uso para grabar los vídeos o la laptop gamer donde los edito. Como voy añadiendo herramientas constantemente, he usado el formato de página, para que es información sea fácil de encontrar en mi blog.

Recuerda, la página es estática, y la puedes ir actualizando cuantas veces quieras. Eso lo sabe tu lector, como también sabe que las entradas son dinámicas, y van cambiando conforme la fecha y el contenido.

RESUELVE PROBLEMAS PARA OBTENER GANANCIAS

*Dos caminos se bifurcaban en un bosque,
y yo tomé el menos transitado, y eso
ha hecho toda la diferencia.*

Robert Frost

Sí, ya te he recomendado que te enfoques en las necesidades de tus consumidores, y considero necesario repetírtelo, porque es la clave de la riqueza.

Para tener ganancias, debes resolver los problemas de tus seguidores. No olvides esto, es tu pase a conseguir ingresos superiores al promedio.

Estás para ayudar a otros, no para ayudarte a ti mismo. Aunque esto que te voy a decir duela, debes tomarlo en cuenta: **a nadie le importan tus problemas, *le importan sus problemas***. Y si tú les proporcionas soluciones para ellos, te lo agradecerán comprando tu producto o el producto de otro (ese que te permite tener ganancias).

Cada que promociones algo como influencer, debes preguntarte: **¿Resuelve algún problema o cubre una necesidad en mis seguidores?** Si no lo hace, no lo promociones.

El contenido que elabores debe cubrir necesidades o solucionar problemas. Cuando elabores contenido, busca cómo este beneficiará a tus seguidores.

No grabes un vídeo que muestre las características del producto que promocionas, elabora un vídeo que muestre cómo tus seguidores se verán beneficiados. **Muestra los beneficios y evita listar las características**.

A nadie le interesa una crema para el acné con sábila, pero a miles les interesa una crema que evitará que los demás se burlen de ellos por tener ese molesto acné.

Recientemente comencé con un nuevo pasatiempo: coleccionar juguetes de plástico, de una marca alemana. Ya tengo varios vendedores que me consiguen piezas, pero a ninguno de ellos les he preguntado qué tipo de plástico es el usado para los juguetes. No les he preguntado porque no me interesa.

Me interesa divertirme con esos juguetes, como cuando era niño, por eso les pregunto si tienen las figuras que yo tuve o quise tener en mi infancia. No me interesa saber sus características, me interesa tener los juguetes que me permitan tener más y más emociones positivas. **Quiero los beneficios al tener esos juguetes y no quiero conocer sus características**.

Supongo que eres como yo y quieres los beneficios. Adquiriste este libro para beneficiarte de su contenido, sin importarte su número de páginas, su tipo de letra, sus colores o su peso. Las características no te importaron, porque era más importante el cómo podría ayudarte.

Por eso, como influencer, debes ayudar a que un millón de personas:

- Se sientan mejor.
- Solucionen sus problemas.
- Se eduquen.
- Se vean mejor.

- Tengan seguridad.
- Posean emociones positivas.
- Satisfagan sus apetitos.
- Hagan su vida más fácil.
- Consigan sus sueños.

¿Recuerdas estos puntos? No debes olvidarlos y tienes que buscar cómo hacer que tu producto cubra esas necesidades de tus seguidores. **Si lo haces, el dinero llegará a tus manos sin mucho esfuerzo, si no las tomas en cuenta, el dinero te evitará**.

Hay una sencilla regla que debes seguir para ganar dinero en cualquier área y no la debes olvidar: **Nunca le vendas una pintura al oleo a un esquimal**.

Un esquimal no necesita una pintura al oleo, por tanto, si logras vendérsela, lo engañaste y te aprovechaste de él, quitándole su dinero. Y si él te rechaza, estará en su derecho, porque le es inútil.

Nunca intentes venderle algo a alguien que no necesita, mejor busca qué necesita y véndeselo. Un esquimal estará agradecido porque le vendas algo útil, por ejemplo, ropa térmica.

Como influencer, no debes pasar por alto esta regla. Aunque una empresa te ofrezca buenas ganancias, si lo que ofrece no es útil para tus seguidores, no lo promociones.

Recientemente me ofrecieron promocionar una aplicación para ingenieros. Aunque las ganancias eran muy buenas, la tuve que rechazar, porque la herramienta no ayudaría a mi comunidad; es una gran herramienta para un sector muy especializado, pero no para los miembros de mi comunidad.

Antes de promocionar algo, pregúntate:

- ¿Qué tipo de necesidad cubre este producto?
- ¿Qué está haciendo mal otro influencer que podría yo mejorar?
- ¿Qué valor añadido puedo ofrecer a mi audiencia?
- ¿Qué beneficios le traerá a mi comunidad?

Las respuestas te ayudarán a decidir si es buena idea promocionar ese producto o si es preferible evitar su promoción en tu comunidad.

Busca solucionar problemas y cubrir necesidades y el dinero siempre estará disponible.

Antes de recomendar algo a tu audiencia, debes preguntarte:

- ¿Cuál es el mercado que estoy intentando alcanzar?
- ¿Qué problemas específicos cubre ese producto?
- ¿Mi mercado ya tiene un producto que resuelve ese problema?
- ¿Qué beneficios nuevos aporta el producto que recomiendo?
- ¿Qué medios tengo para hacer llegar mi mensaje?

Todas las preguntas son importantes y todas te proporcionarán mucha información, pero en este momento, debes poner atención a la última: **¿Con qué cuentas para hacer llegar tu mensaje a tu audiencia?**

Muchos fracasan porque no ponen atención en el **cómo hacer llegar el mensaje a su audiencia**.

Tienes dos opciones para hacer llegar tu mensaje a tu audiencia:

- Hacerlo orgánicamente.
- Pagar publicidad.

En la primera opción no inviertes dinero, solo te enfocas en una estrategia de posicionamiento para hacer llegar tu mensaje a tu audiencia. Puedes tardar más tiempo, pero puede ser la más opción más poderosa, porque realmente podrías conseguir a las personas adecuadas.

En la segunda, invertirás dinero para llamar la atención. Es más rápida, aunque no te asegura tener más impacto.

Para la segunda, lo que estarás pagando será la segmentación, ya que cada red social te venderá exposición a determinado grupo de personas.

Cada red social conoce:

- La edad de sus miembros.
- El lugar dónde viven.
- Su estado civil.
- Su situación económica.
- Sus preferencias.
- Sus problemas.

Cada red social recopila información y te venderá la posibilidad de exponerte ante las personas con aquellas características que buscas. Por eso la publicidad es más rápida, aunque no te asegura el éxito como influencer.

En este manuscrito encontrarás muchas estrategias para encontrar una audiencia de forma orgánica, pero si la combinas con la pagada, será mejor.

ELIGE TU TIPO DE INFLUENCER

La gente exitosa siempre busca oportunidades para ayudar a los otros. Los fracasados siempre se preguntan "¿qué pueden hacer por mí?".

Brian Tracy

Siempre defenderé que la definición es importante porque nos permite situarnos en el lugar correcto para tomar las mejores decisiones. **Si sabes quién eres, te será muy sencillo conseguir el éxito**.

Conocerte y conocer a tu mercado son dos claves para el éxito como influencer, por eso, debes saber qué tipo de influencer eres.

En mi investigación, he detectado seis tipos de influencer, a quienes he llamado:

1. El famoso.

2. El líder de opinión.

3. El experto.

4. El vlogger.

5. El artista.

6. El superinfluencer.

Al famoso, lo conocen muchas personas porque ya tuvo éxito en otras plataformas y en la red social que llegue, tendrá un éxito instantáneo porque la gente llega a ellos.

Los actores, cantantes y artistas son el mejor ejemplo. Cuando llega a una red social, miles o millones los siguen, pues ya los conocen.

Un ejemplo es Will Smith. Este actor cuando llega a una red social, llegan a él millones de seguidores. **El influencer famoso no necesita hacer mucho contenido para que las personas lleguen a él**.

El líder de opinión, es un tipo de influencer al que podemos aspirar los que no tenemos una actividad relacionada con los medios tradicionales. **A la gente no le interesa si tiene fama o no, le interesan sus opiniones y lo que comparte con ellos**.

No necesitas haber estudiado alguna profesión relacionada con los medios de comunicación, solo necesitas comunicar. **Si decides ser este tipo de influencer, deberás influir a las personas entregando contenido confiable y compartiendo opiniones honestas**.

El siguiente tipo es el experto. **Él ejerce mucha influencia en su audiencia a través de su experiencia**. Un autor de libros sería un influencer de este tipo, un fanático de la tecnología también, aquella ama de casa que tiene su canal en Youtube donde comparte recetas de cocina, son de este tipo.

Si quieres ser un influencer experto, **debes compartir tu experiencia en algún ramo o área de interés**. No necesitas tener una gran audiencia, porque tus seguidores están comprometidos con lo que haces.

El vlogger es aquel que comparte su día a día con sus seguidores. Realmente lo comparte sin ánimo de influir a otros, por lo que a veces desconoce su poder de influencia.

Este influencer comparte bastante de su vida mediante vídeos, podcast o entradas de blog muy extensas. A veces con poca edición, pero sus seguidores se enganchan al contenido por el gusto de verlos en su día a día.

El artista es el que hace comedia, imita a otros o crea un personaje de ficción. Este tipo de influencer tiene como misión entretener a su público, y mediante esta acción, influye a los demás.

El último tipo, el superinfluencer, conoce su poder de influencia y lo utiliza constantemente. **Tiene un liderazgo de pensamiento muy poderoso y no duda en causar polémica**.

Llegó a ser ese tipo de influencer pasando por los tipos anteriores, mejorando a diario y creando una marca potente que influye en otros. Ellos tienen millones de seguidores.

En cada una de las plataformas sociales encontrarás todos estos tipos de influencers. A veces, tendrán cuentas en todas las redes sociales, aunque podrían preferir solo dos o tres redes.

De acuerdo a lo que he observado, existen más influencers del tipo líder de opinión y experto, le sigue el vlogger, después el artista, posteriormente el famoso y al final el superinfluencer.

Si estás comenzando, debes hacerlo como un líder de opinión, experto o vlogger, para después convertirte en un superinfluencer o famoso.

Es decir, podrías comenzar tu influencia, compartiendo:

- Tu opinión (líder de opinión).
- Tu experiencia (experto).
- Tu día a día (vlogger).

Si te das cuenta, son actividades que cualquiera puede compartir, no necesitan algo previo y solo hace falta que decidas con cuál comenzar.

El contenido de valor es importante, como también es importante que determines cuál será tu tipo de influencer. ¿Tienes opiniones que compartir con todos? ¿Te has vuelto experto en algo y lo deseas compartir con los demás? ¿Quieres mostrar tu día a día?

Por ejemplo, en mi comunidad de **Recordando los ochentas**, comparto opiniones y comparto información sobre la década de los ochenta, entonces mi tipo de influencer es líder de opinión. No comparto mi día a día, tampoco soy experto en alguna máquina de los ochenta, simplemente soy una persona que quiere compartir sus opiniones con sus seguidores.

Sigo a un youtuber que comparte vídeos sobre computadoras, videojuegos y software de los ochenta y noventa, él sí podría ser considerado como un influencer experto, pues domina esos temas y los expone en su canal.

Para mi comunidad de **Sin Trabajar**, me convierto en un influencer experto recomendando herramientas y plataformas para los futuros nómadas digitales, personas que desean vivir de Internet y aprovechar todos los recursos que nos brinda. Tampoco comparto mi día a día como un vlogger, solo comparto mi experiencia.

Te soy honesto, en el futuro, me gustaría convertirme en vlogger, para probar ese tipo, pero por el momento solo deseo enfocarme en esos tipos de influencer. **Al saber qué tipo soy, es más fácil, ya que me enfoco en sus características, entregando contenido de valor relacionado**.

Cuando sea vlogger, deberé documentar todo mi día, para compartirlo, pero mientras, solo me enfoco a investigar y compartir mi experiencia con otros.

En cualquier tipo de influencer deberás entregar contenido de calidad, solo que será diferente. Por ejemplo, el famoso puede hacer vídeos bailando, mientras que el experto se verá ridículo si lo hace. **Cada uno tiene una misión y diferentes formas de hacer contenido**.

Como puedes darte cuenta, no solo compartes contenido, también compartes tu forma de ser y de pensar, por eso es importante que te definas. Así conseguirás darle un sello muy personal a lo que haces.

Elige tu tipo de influencer y comienza a entregar contenido de valor. Sí, **comienza**, porque muchas personas tienen mucho que compartir, pero no lo hacen porque dudan mucho.

Lo mejor es comenzar ya, sin titubeos. Comienza con lo que tienes y conforme avances irás mejorando todo.

UTILIZA EL APALANCAMIENTO

Prefiero tener el uno por ciento de los esfuerzos de cien personas a solo tener el cien por ciento de mi propio esfuerzo.

Jean Paul Getty

Hace unos días me levanté y fui a encender la computadora. Cuando revisé el estado de la cuenta de uno de mis negocios, este había tenido un aumento del 400% de un día para otro; **no es magia, simplemente modifiqué ciertas acciones para conseguirlo**.

Entre esas acciones, estaba el haber creado una página dentro de mi blog donde coloqué un listado de productos que me daban una comisión por cada venta. Antes de crearla, recomendaba en grupos un producto a la vez, lo que me suponía más tiempo y esfuerzo.

Al colocar una página en la que encontraran todos los productos reunidos en un solo lugar, estaba usando el apalancamiento a mi favor.

Tiene pocos días que vi una película acompañado de mi pequeño hijo, en ella, uno de los protagonistas intentaba cargar una roca de oro que era más grande que él. Por supuesto era imposible. A los dos nos hizo reír. Entonces le pregunté a mi hijo: "*¿cómo podría llevarse esa roca a casa?*", después de meditarlo por unos segundos, me dijo: "*¡con una grúa!*".

Así es, la grúa es una palanca mecánica, que nos permite cargar objetos más grandes y pesados que nosotros. **Es una herramienta muy útil para conseguir cosas que parecerían imposibles** si las intentamos hacer con nuestro propio cuerpo.

Eso es lo que tienes que hacer: **conseguir la mayor cantidad de palancas que te ayuden a conseguir lo aparentemente imposible**.

Esas palancas pueden ser:

- El tiempo de otros.
- El talento de otros.
- El dinero de otros.
- Herramientas informáticas.
- Aplicaciones en tu smartphone.
- Herramientas en Internet.

El protagonista de la película necesitaba algo extra para llevarse esa roca, no podía usar sus propios recursos, pero él no lo percibía. **Desafortunadamente millones de personas no se dan cuenta de que no es suficiente utilizar sus propios recursos, deben usar el apalancamiento**. Tienen que usar las anteriores palancas para conseguir lo imposible, solo de esa forma podrán ganar dinero.

Y tú, tendrás éxito como influencer y ganarás más dinero, cuando uses el apalancamiento a tu favor.

Sería imposible que estuviera 72 horas publicando contenido en mis redes sociales, pues solo tengo 24 horas diarias, pero para eso existen herramientas de Internet que me permiten publicar automáticamente.

Existen diversas herramientas para publicar actualizaciones en distintas redes sociales y muchos las usamos a diario.

Yo utilizo una desde hace años, que se llama Hootsuite. Esta herramienta me permite programar actualizaciones en Facebook, Linkedin, Instagram y en Youtube, aunque la utilizo más para Facebook.

Hay ocasiones en que programo por dos meses actualizaciones, así no me preocupo durante ese tiempo por publicar algo. Hace poco tuve una "desintoxicación" de Facebook de 40 días, en los que no entré a la plataforma para nada. Como uso Hootsuite, era ella la que publicaba por mí, además, cuando le solicitaba a mis seguidores que opinaran, podía leer sus comentarios y contestar desde la plataforma.

Por cierto, hice la desintoxicación, porque es demasiada la cantidad de información que está en esa red social, por eso debía descansar de tanto distractor. Mi creatividad se incrementó después de esa purga digital.

Aunque estuve ausente, las actualizaciones se seguían publicando todos los días gracias a Hootsuite.

Ese es lo que tienes que hacer: utilizar otras herramientas y plataformas para que hagan el trabajo por ti. De esa forma tendrás más tiempo para ser productor y evitarás ser un consumidor.

No debes olvidarlo: **tienes que producir y evitar consumir**. Y el apalancamiento te ayuda a ser un productor de éxito.

Si usas las herramientas adecuadas, podrás hacer más con menos. Con la herramienta de publicación que te mencionaba anteriormente, publico más con menos esfuerzo. **El**

apalancamiento te hace ganar más dinero con menos esfuerzo, por eso debes preferirlo.

No es la única herramienta que uso, de hecho siempre estoy en búsqueda de herramientas que hagan el trabajo por mí, así no perderé tiempo y esfuerzo. Tu también debes hacer lo mismo: **tienes que buscar constantemente las herramientas necesarias para evitar perder tiempo, dinero y esfuerzo**.

También puedes buscar personas que te ayuden con tus tareas, eso también es apalancamiento. Hace bastantes años, contraté a una persona para que me creara un software de administración de contactos. Yo no sabía nada de programación informática pero él si, así que me apalanqué de su habilidad.

Yo no podía usar mis propios recursos, por eso busqué alguien que los tuviera. Incluso cuando tienes las habilidades necesarias puedes buscar a alguien que te ayude a hacer más con menos, así liberarás tu tiempo y esfuerzo para hacer otras cosas.

Solo una recomendación: usar los recursos humanos como apalancamiento es más complicado que usar las herramientas informáticas, por eso debes tener cuidado.

Es decir, hacer negocios con las personas es más complicado. Cuando trabajes con alguna personas, no olvides realizar un contrato donde especifiques exactamente cuál será su labor y demás pormenores. Ese contrato podría salvarte de muchos problemas legales.

Por ejemplo, cuando esta persona me realizó el software, hice un contrato donde especificaba que le había pagado por una herramienta informática, que era mi idea, pero él había realizado. Él cedía todos los derechos del software a cambio del pago realizado, y si yo quería venderlo posteriormente, podía hacerlo sin problema alguno y no estaba obligado a darle algún porcentaje por la venta.

Esto me permitió venderlo posteriormente, ganando más dinero con él y sin obligación de darle más dinero al programador.

Cuando trabajes con personas, sea la actividad que sea, siempre debe haber un contrato de por medio, para evitarte problemas posteriores.

Actualmente existen cientos de herramientas y aplicaciones para la productividad, así que no necesitas contratar a personas. Obviamente si requieres algo muy específico, necesitarás recurrir a un experto, pero también hay opciones económicas y sencillas.

Hay muchas plataformas donde las personas ofrecen sus servicios, que tú puedes contratar a un buen precio. Por ejemplo está Fiverr (http://libro.red/fiverr), que es una gran herramienta para contratar servicios. Yo la uso para contratar diseñadores gráficos a un bajo costo, y me apalanco con ellos ahorrando tiempo y esfuerzo.

Visita Fiverr para conocer todos los servicios que puedes encontrar en la plataforma.

USA LAS HERRAMIENTAS DE INTERNET

No necesitas tener una empresa de 100 personas para desarrollar esa idea.

Larry Page

Desde 1994 conocí Internet, y desde esa fecha supe que este medio de comunicación cambiaría todo. Y no me equivoqué: la red de redes ha modificado la forma de cómo hacemos negocios y cómo nos comunicamos.

Internet ha hecho más millonarios que cualquier otro medio de comunicación. Lo mejor de todo es que está al alcance de la gran mayoría de personas. Y lo peor de todo, es que es desaprovechada por una gran parte de la población.

En Internet no solo encuentras contenido, también:

- Software.
- Aplicaciones (apps).
- Plataformas.
- Herramientas.

Y en cada una de estas tendrás una nueva forma para apalancarte y así hacer las cosas más simples.

Como influencer debes dar a conocer tu mensaje, y lo haces con el difusor adecuado y en la plataforma correcta.

Para darlo a conocer, puedes usar vídeo, y en Internet consigues el software adecuado para crearlo. Cuando distribuyes ese vídeo, necesitas una herramienta, también la encuentras en Internet.

Lo que te estoy proponiendo es que utilices todos los recursos que ya existen en Internet, para tener éxito como influencer. **Los recursos ya están disponibles en la red, solo hace falta que vayas por ellos**.

Ten en cuenta que algunas cosas las conseguirás gratis y por otras tendrás que pagar. No seas como la mayoría de las personas que suponen que todo lo que está en Internet está ahí de forma gratuita, no es así, debes pagar por ello.

Las herramientas que utilizo como influencer tienen un costo, que pago mensualmente sin dudar, porque ellas me permiten seguir ganando dinero. Estas herramientas me ayudan y yo las necesito para no perder tiempo, dinero o esfuerzo.

Pero tampoco te asustes, puedes comenzar con poco dinero. ¿Sabes lo que yo hago para aprovechar al máximo mis recursos?, es sencillo, **aprovecho el apalancamiento a mi favor**.

Supongamos que necesito una herramienta de envío de correos. Busco una que tenga buenos comentarios de los usuarios, me inscribo en ella y aprovecho los 15 o 30 días que proporciona como prueba. Durante esos días, la utilizo al máximo, para que gane el dinero suficiente para pagar la primera mensualidad.

La mayoría de herramientas o software tienen un periodo de prueba, que puedes usar para conseguir el dinero y pagar su suscripción. Así no necesitas pagar por adelantado.

Lo que no debes olvidar, es que debes pagar un precio. Si quieres tener éxito, debes estar dispuesto a pagar por ese éxito. Esta no es una frase más de motivación, es la realidad.

Pero regresemos a la idea central de este capítulo: **muchas de las herramientas que necesitas ya existen en la red de redes**. Solo necesitas buscarlas y usarlas.

Supongamos que necesitas una pizarra virtual para impartir una videolección para un curso online, específicamente la necesitas para un smartphone. Vas a Youtube, buscas "*aplicaciones de pizarra virtual*", solo ves aquellos vídeos donde te compartan las funciones de varias pizarras virtuales, eliges dos, vas a la tienda de aplicaciones, descargas las dos y las pruebas para decidir cuál es la adecuada para ti.

Este ejemplo es de la vida real. Uno de mis seguidores del canal de Youtube me preguntó si existía una app de pizarra virtual. Yo fui a investigar, descargué la aplicación, la usé e hice un vídeo para este seguidor mostrándole cómo funciona. Esta aplicación es la que ahora utilizo para algunas videolecciones.

Las herramientas ya están ahí, solo falta que vayas por ellas.

Te recomiendo que dediques algo de tiempo cada semana para buscar nuevas herramientas, aplicaciones, software y plataformas, así siempre estarás actualizado en estos temas.

Además no estarás comprometido con solo una de ellas. Por experiencia te digo que siempre debes tener otras opciones. Me ha pasado que estoy feliz utilizando una aplicación y de repente la empresa que le daba soporte, desaparece. Yo me quedo sin actualizaciones y ya no puedo seguir usándola más. Por eso debes tener otras opciones.

Siempre debes tener más opciones disponibles, para no depender de una.

No debes olvidar buscar herramientas para crear tus difusores, y plataformas que sean el lugar adecuado para transmitir tu mensaje.

Si tu difusor es un vídeo, podrías tener herramientas para:

- Grabar el vídeo.
- Grabar pequeños vídeos para la introducción, desarrollo o cierre.
- Incluir escritura a mano.
- Editar tus vídeos.
- Mejorar la calidad de los vídeos.
- Cambiar las características de vídeo.
- Crear música.

Entre más opciones.

Y para el lugar adecuado para colocarlo o distribuirlo, necesitarás herramientas para alojarlo y otras para hacerlo llegar a las personas adecuadas.

Por ejemplo, yo utilizo tres herramientas para encontrar las palabras clave que las personas están buscando, así es más sencillo incluirlas en los vídeos que alojo en Youtube. Después de que ya está listo en el canal, uso otra herramienta para darlo a conocer en mis redes sociales.

Detrás de un vídeo, no solo hay horas invertidas, también el uso de las herramientas adecuadas para que llegue a las personas correctas, es lo mismo que tú debes hacer.

TIENES QUE VENDER

*Fórmula del éxito: Levántate temprano,
trabaja duro, encuentra petróleo.*

Jean Paul Getty

A muchos les aterra vender. En serio, son millones de personas que tienen miedo a vender y otros odian vender. Yo creo que el miedo o el odio a vender se debe a que no quieren ser unos malos vendedores.

Los malos vendedores, son los que han desprestigiado este oficio. Los malos vendedores son los típicos acosadores que quieren venderte algo a toda costa. Ellos son los que tocan a la puerta de tu casa y no quieren irse hasta que les compres su producto. Ellos no son vendedores, son acosadores.

Un vendedor siempre estará pendiente de las necesidades de sus clientes o futuros clientes. Nunca les venderá algo que no necesitan solo por ganar dinero, porque busca su beneficio antes que el suyo. **Nunca le venderán una pintura al oleo a un esquimal, tal como te mencionaba anteriormente**.

Si eres uno de los que tiene miedo de vender u odia vender, debes cambiar de forma de pensar.

Solo cuando vendemos conseguimos el éxito. Y no se trata de vender solo productos o servicios, también vendemos intangibles.

He sostenido durante mucho tiempo que un buen vendedor no tiene problemas para tener amigos o pareja, **porque aplica sus habilidades para vender en su vida**. Si sabes vender, no tendrás problemas para relacionarte con otros, a esos intangibles me refiero.

Y para ser influencer, debes convertirte en vendedor, porque tienes que convertirte en un experto recomendando lo mejor para tus seguidores.

Siempre estamos vendiendo y como influencers, vendemos más. O expuesto de otra forma, **siempre estamos convenciendo, y como influencers, debemos convencer más**.

No importa la cantidad de personas que te sigan, importa el poder de convencimiento que tienes.

Hace tiempo, algunos medios de comunicación, expusieron el caso de una auto denominada influencer, que tenía dos millones y medio de seguidores en Instagram y que no pudo vender 36 camisetas entre ellos.

Sucede que la joven comenzaría su propia línea de camisetas, y para iniciar la fabricación, necesitaba vender por lo menos 36 piezas, lo cual no consiguió.

Esto se debió básicamente a que ella decidió crear su linea de ropa, pero nunca involucró a sus seguidores. Al no involucrarlos, ellos no reaccionaron como se esperaba. **Cuando eres un influencer, debes hacer partícipes de tus decisiones a tus seguidores, así será más sencillo todo**.

Ella nunca les preguntó si deseaban una línea de ropa, es muy probable que si lo hubiese hecho, ellos le mencionarían que no estaban interesados. Pero le darían ideas de qué sí estaban interesados, por ejemplo, podrían solicitarle una línea de maquillaje. **Al no hacerlos partícipes, ella no pudo vender 36 camisetas**.

Muchas veces, antes de aceptar hacer una campaña de algún producto, pregunto a mis seguidores qué opinan sobre ello, así es más sencillo tener éxito.

En una campaña para una empresa de contenido, les pregunté si la conocían y qué opinaban de ella. Con sus comentarios, seguí preguntando sobre tópicos específicos. Después les pregunté si yo debería recomendar a esta empresa, la gran mayoría me animó a hacerlo y fueron ellos los que posteriormente me ayudaron a recomendarla entre sus amigos y conocidos.

Cuando haces partícipes a tus seguidores, es más sencillo vender al menos 36 camisetas y evitar los problemas que tuvo la influencer.

No debes olvidar que estás creando una comunidad, y ella te agradecerá cuando los hagas partícipes de tus decisiones. Si creara una línea de ropa, primero los involucraría a ellos, para tener más éxito con ella.

Y créeme que funciona. Hace algún tiempo, diseñé algunas gorras y las vendí con éxito entre mis seguidores. Por supuesto, antes pregunté sobre si era buena idea hacerlas y venderlas.

Vender 36 camisetas es más sencillo si los seguidores las desean. Si solo decides sin preguntarles antes, será más complicado venderlas.

Aunque aún no aceptes la campaña a promocionar como influencer, pregúntales qué opinan sobre la marca, producto o servicio, así ellos te agradecerán ser tomados en cuenta. **Además, irás creando "ruido" desde antes de aceptarla**.

El llamado ruido (también llamado buzz) es un término de marketing digital que significa que mucha gente está hablando de lo que nosotros queremos que hable. **Gracias al ruido o al buzz, nuestros seguidores nos ayudan a amplificar y difundir nuestro mensaje haciéndolo llegar a más gente**. Por eso desde antes de una campaña, nos enfocamos a hacer ese ruido.

Gracias al ruido vendemos antes y vendemos durante la campaña como influencers. **Vendemos, recuérdalo**. Porque somos vendedores y tenemos que vender.

Vender es importante para todas las actividades, y como influencer, lo es más.

Como influencer tienes que convencer, debes convencer que realmente es útil eso que estás recomendando, (porque lo es para tus seguidores). Recuerda, nunca debes aceptar una campaña solo porque te proporcionará ingresos. **Tienes que aceptarla porque eso que recomiendas es útil para tus seguidores**.

Y no debes venderles camisetas antes de conocer si ellos necesitan camisetas. No se trata de vender para ganar dinero, lo que vendas tiene que ayudarlos.

Podrías preguntarte hasta este momento, ¿cómo puedo vender si aún no soy conocido? Y sí, tu pregunta es válida, pero eso no debe asustarte.

Tal como te he compartido en este libro, debes crear vínculos de confianza con tu audiencia, para que ellos te compren en su momento (te compren directamente o indirectamente).

¿Cómo creas esos lazos de confianza? Una de las estrategias que seguimos varios es esta:

1. Primero atraemos a los "buscadores de los gratuito". Para ellos somos extraños y ellos lo son para nosotros, por eso los atraemos con nuestras publicaciones en blogs, entrevistas que otros nos hacen, redes sociales y/o anuncios pagados.

2. Estos extraños (y buscadores de lo gratuito) se convierten en nuestros seguidores regulares. Ya nos leen, ven nuestros vídeos y escuchan nuestras emisiones en el podcast, pero aún no están comprometidos con lo que hacemos. Para convercerlos, les regalamos algo. Podría ser un libro virtual, mapas mentales con contenido exclusivo, minicursos, etc. Con esos regalos, debemos procurar que se suscriban a nuestra lista de correos, para que le lleguen nuestros mensajes futuros.

3. Ahora ya son suscriptores de nuestra lista de correos y miembros de nuestra comunidad. Ya tenemos su atención y están pendientes de lo que hacemos. Ahora necesitamos escribir regularmente en nuestro blog, darles más contenido, ofrecerles acceso a grupos exclusivos y darles contenido único y especialmente diseñado para ellos.

4. Aquí se convierten en fanáticos leales y están comprometidos con nosotros. El mejor momento es este. Ahora ya podemos ofrecerles productos y será muy sencillo convencerlos, porque ya están convencidos de lo que hacemos.

Si sigues estos pasos, te será más sencillo vender.

Comienza atrayendo a los extraños, para que poco a poco los vayas convenciendo de ser tus seguidores más leales, hasta hacer que se comprometan contigo y con lo que haces.

Después de leer esta estrategia, ¿te das cuenta en qué se equivocó la influencer que no pudo vender las camisetas? Además de vender algo que no le interesaba a sus seguidores, realmente **tenía seguidores regulares, que no estaban comprometidos con ella**.

Incluso muchos de ellos aún eran "buscadores de lo gratuito", que no les interesaba en lo más mínimo lo que ella tuviera para ellos.

Por eso tienes que seguir esa estrategia y comprometer más y más a tu audiencia, hasta convertirla en fanáticos leales, que no duden en actuar cuando tú se los solicitas.

Cuando sean fanáticos leales, no dudarán en comprarte miles de camisetas.

¿Y cómo consigues que se vuelvan fanáticos leales? Ya te lo he compartido pero no está de más que lo vuelva a repetir: **tu audiencia quiere conocer todo de ti, por eso debes compartir tu vida con ellos**.

Para convertirse en fanáticos leales, deben confiar en ti y en lo que haces. Y confiarán cuando les compartas:

- Tu día a día.
- Lo que piensas.
- Lo que amas.
- A lo que le temes.
- Lo que has aprendido.

Entre muchas cosas más. Es como una relación de amistad, en la que poco a poco vas compartiendo algo de ti, para que ese amigo confíe en ti y se fortalezcan los lazos. Tu audiencia quiere conocerte y tú debes permitírselo.

No compartas aspectos íntimos, porque eso sería peligroso, por ejemplo:

- El nombre completo de los miembros de tu familia.

- La edad exacta de ellos.

- Tu dirección.

- La escuela de tus hijos o familiares.

Y más información sensible.

Antes de compartir, crea un listado de cosas que nunca compartirás con tus seguidores. Sigue ese listado y por ningún motivo rompas ese reglamento.

Hay cosas que deben permanecer en secreto, para tu bienestar físico y psicológico, y para la seguridad de tu familia.

USA LOS PRINCIPIOS PSICOLÓGICOS DE LA INFLUENCIA

No me sé las reglas de la gramática... Si intenta persuadir a alguien para que haga algo, o compre algo, debería usar su lenguaje, el idioma que ellos usan cada día, en el que piensan.

David Ogilvy

Tu finalidad debe ser convencer a los demás, propiamente, influir en ellos. Por supuesto no los convencerás que compren algo que no les va a ser útil. Recuerda: no le vendemos un cuadro al óleo a un esquimal.

Influimos en las personas para venderles o darles algo que es útil para ellos, pero, ¿cómo influir en ellos de la forma más sencilla y rápida posible?

Influir en los demás es más sencillo cuando utilizamos los principios psicológicos de la influencia. Estos principios son las herramientas que nos harán más simple todo.

El primer principio de la influencia es **la reciprocidad**.

Hace algunos años, hice un viaje con mis padres, pareja e hijos, como íbamos bastantes, buscábamos comer en los lugares más baratos, para economizar.

Un día, fuimos a un mercado donde vendían diferentes platillos a un precio exageradamente económico, todos nos entusiasmamos y compramos mucha comida. Después de comer, nos dimos cuenta que había platillos que no se habían consumido y como teníamos que movernos a otra población, no queríamos llevar más carga.

Entonces caminamos por un par de calles, buscando a alguien para darle la comida que nos sobraba. Encontré una casa con muchos niños y supuse que a ellos podía servirle esa comida. Hablé con una señora de mediana edad y ella recibió con agrado la comida; cuando la tomó, me dijo que esperara un poco.

Ella salió con cuatro litros de leche, recién ordeñada. Me los regaló como agradecimiento por haberles dado tanta comida. Ahora tenía cuatro litros de leche que no quería llevar conmigo.

En el siguiente pueblo donde llegamos, buscamos a quién regalarle esa leche. Encontramos, una familia y en agradecimiento, nos regaló fruta. Ya no quisimos buscar a quién regalarle esa fruta, pero lo más probable es que si le regalábamos a otros, ellos nos darían algo a cambio.

Así funciona la reciprocidad: **si tú regalas algo, el otro se siente comprometido a darte algo a cambio**.

Es un principio psicológico que funciona en todo el mundo, por eso muchos lo usamos para influir en las personas. Cuando tú compartes algo, el receptor se siente comprometido a ayudarte, ya sea ofreciéndote algo a cambio o comprándote el producto que vendes o recomiendas.

Como influencer, ¿qué podrías regalar para que tus seguidores se sientan comprometidos y te compren? A veces solo hace falta hacer un vídeo donde regales información de valor, para que compren el producto que recomiendas al final.

Otro principio poderoso es **la imitación social**. La imitación es un mecanismo psicológico muy poderoso. De hecho es una estrategia neurológica que nos ha permitido sobrevivir por miles de años. Los influencers lo sabemos, por eso la utilizamos para que nuestros seguidores adquieran más productos.

¿Acaso no quisieras tener el último gadget cuando te enteras que varias personas lo están usando? Muchos de nosotros deseamos tenerlo, porque imitamos socialmente.

Si a muchos le ha funcionado algo, deseamos también tenerlo.

Así funciona este principio psicológico: **estamos pendientes de las opiniones de los demás y deseamos tener eso que los ha ayudado.**

Si otros opinan que un producto es bueno, yo le creo, por la imitación social. **Para usar este principio, recoge testimonios de otras personas que ya han utilizado ese producto que tú promocionas.**

Esto es una estrategia de supervivencia, ya que suponemos (inconscientemente) que tendremos menos errores si actuamos como la mayoría.

Un principio psicológico más, es **la escasez.**

Tus seguidores pueden adquirir el producto que promocionas solo por un breve periodo de tiempo, ya que después de ese tiempo, el precio se elevará. ¿Te das cuenta cómo funciona este principio psicológico?

Al percibirse un producto como escaso, la gente lo desea de inmediato.

La fecha límite ayuda bastante, pero también puedes hacer uso de la exclusividad. Hazle notar a tus seguidores que tu producto no es para todos, porque es exclusivo, es solo para unas cuantas personas. Y ellos querrán ser parte de ese selecto grupo.

Un último principio que te comparto, es **la autoridad**.

Necesitas ser percibido como una autoridad en tu materia, para que adquieran ese producto que tú recomiendas. Lo harán sin dudarlo, porque confían en lo que tú haces y dices, porque eres una autoridad sobre el tema.

Transfórmate en una autoridad y no tendrás problema alguno para influir en las personas.

Para conseguir el éxito con estos principios, debes tomar en cuenta que todo mensaje que compartas a tu audiencia debe ser lo más sencillo posible. **No me cansaré de repetirte que lo más simple es lo más poderoso: menos es más, es lo que siempre te recomiendo**.

Todo mensaje debe ser claro, simple y percibirse placentero, si consigues esto, tu audiencia te reconocerá como una autoridad respetable y confiable. Si complicas todo, tu audiencia intentará alejarse de ti. No la culpo, yo lo haría.

Entre más complicado hagas tu mensaje, menos atractivo le parecerá al receptor ignorándolo por completo. El minimalismo en la comunicación es un arte que debe desarrollarse.

Una estrategia simple y poderosa que nos funciona y te servirá también, consiste en solicitarle a tu audiencia que acceda a una petición pequeña, para después solicitarle tomar acción a una petición más grande, hasta que acceda a hacer algo mucho más grande.

Esto funciona porque la primera acción es muy sencilla de realizar, así que no le provoca alguna reacción negativa y le sirve para percibir que es útil, en las otras ajusta su conducta para conseguir las metas. Somos seres de competencia, que lo hacemos hasta contra nosotros mismos.

Hace un tiempo, pedí a mi equipo de diseñadores gráficos que me realizaran el logotipo de una de mis comunidades. Cuando me entregaron tres propuestas, le solicité a mis seguidores que eligieran cuál de ellas le parecía la más adecuada.

Por cierto, aunque no les solicité que me mencionaran qué les parecía cada una de las propuestas, obtuve mucha información de parte de ellos, que me ayudó a conocerlos más.

El propósito de involucrarlos era darles esa primera tarea muy sencilla de realizar, que no les quitaba nada, al contrario, les daba una percepción de ser parte de la comunidad.

Después de su elección, fue más sencillo ofrecerles tareas más complejas, porque habían realizado una primera tarea con éxito.

Es lo que tienes que hacer: hacerlos partícipes de lo que haces, dividiendo una tarea mayor en pequeñas tareas, que no supongan mucho esfuerzo.

Recuerda, tienes que hacerlo simple.

INFLUYE SILENCIOSAMENTE

Cuando tú hablas, solo estás repitiendo lo que ya sabes. Pero si escuchas, puedes aprender algo nuevo.

Dalai Lama

Uno de los obstáculos que impiden que más personas se conviertan en influencers, es el supuesto de que solo los extrovertidos son capaces de influir en los demás.

Muchas personas introvertidas conseguirían un éxito increíble si se dedicaran a ser influencers. Es la verdad, no creas que escribo esto para animar a los introvertidos.

Los introvertidos tienen más posibilidades, porque:

- Usan más la escucha activa.
- Es más fácil que centren sus conversaciones y no divaguen tanto.
- Son más equilibrados para usar los medios sociales.
- Prefieren la calma al ruido.

Aclaremos algo, no estoy señalando que los introvertidos sean mejores que los extrovertidos o viceversa, estoy animando a los introvertidos a ser influencers y a los extrovertidos los invito a aprender de los introvertidos.

Es un hecho que los extrovertidos tendrán menos miedo para convertirse en influencers, porque están acostumbrados a ser sociales, pero los introvertidos son más prudentes para socializar, lo que podría hacer que tengan más reservas para convertirse en influenciadores.

Por eso animo a los introvertidos e invito a los extrovertidos a aprender de esos puntos fuertes de los primeros.

El introvertido es más analítico, lo que le permite impactar más en su audiencia, como es equilibrado en los medios sociales, lo que comparte tiene también mayor impacto.

Es decir, si quieres tener éxito como influencer, no basta con hacer mucho ruido, necesitas focalizar tu energía en puntos clave.

Y si eres introvertido, no debe frenarte esto, al contrario, debes usar tus características a tu favor, para impactar a más personas.

Por cierto, hasta ahora probablemente ya te hayas dado cuenta que esta nueva profesión requiere de paciencia, planificación y perseverancia, cosas que el introvertido ha conseguido dominar con mejores resultados.

He descubierto que los Youtubers con más éxito son introvertidos. Tienen ese éxito porque nadie los interrumpe, ellos graban sus vídeos a solas y los suben a la plataforma para que otros los vean. Un introvertido no le agradan los eventos sociales porque la gente está acostumbrada a interrumpir e invadir, por eso se siente mejor grabando un vídeo.

En los vídeos que graba, no tiene interrupciones, mucho menos tiene que lidiar con invasiones. El introvertido prefiere los medios digitales en general porque no hay tantas interrupciones como en la vida física.

Seas introvertido o extrovertido, debes tomar en cuenta que si deseas el éxito, en cualquier área, necesitas influir en otras personas. Y tienes que influir todo el tiempo, en diferentes escenarios.

Pero la influencia no tiene que ser estridente. Una influencia silenciosa será más impactante.

¿Sabes cómo influir de forma efectiva y sin hacer mucho? Es sencillo: **Haz sentir a tu audiencia parte de una comunidad**. Si tu audiencia percibe que es parte de tu comunidad, podrás influirla sin ningún problema.

Sentirse parte de una comunidad es la forma más efectiva para crear compromiso. Para hacerlos sentir parte de tu comunidad, debes:

- Dirigirte a ellos de forma natural. Debes escribir como hablas a diario, y debes grabar tus vídeos con la misma voz que usas diariamente. No intentes escribir o hablar de forma diferente, porque te descubrirán de inmediato y no confiarán en lo que compartes.

- Invítalos constantemente a interaccionar contigo y entre ellos. El objetivo de la comunidad es la interacción, y debes recordarles esto constantemente. Haz que interaccionen contigo y entre ellos con diferentes publicaciones en diferentes plataformas.

- Crea espacios especiales para la comunidad. Podrías tener un área, un grupo o una lista de correos unicamente para los que son parte de tu comunidad. Debes crear ese sentimiento de exclusividad para que se sientan parte de algo.

- Realiza eventos en vivo con ellos. Las transmisiones en vivo funcionan bastante bien para crear vínculos con tu comunidad, también los eventos presenciales en vivo. Constantemente realiza este tipo de eventos en vivo, para que tu comunidad se fortalezca.

Todos tus esfuerzos son para que tu audiencia se sienta parte de una comunidad y tengas una respuesta cuando la necesites. **Si sigues estas recomendaciones, verás un gran cambio, porque tendrás una comunidad fuerte, que está pendiente de lo que compartes**.

Crear una comunidad te hará muy fuerte y te permitirá tener muchos ingresos.

Lo genial de Internet, es que puedes influir a millones de personas con relativamente poco esfuerzo. **Antes era más complicado**.

Cuando comencé a vender, hace muchos años ya, se nos decía que podíamos influir directamente en 250 personas, porque ese era nuestro círculo cercano de influencia. Y era cierto, lo comprobé en su momento.

Es decir, podías influir a tus vecinos, familiares, amigos, conocidos y ellos a su vez podían hablar bien de tu producto con su respectivo círculo de influencia. 250 personas era un gran número, que podía multiplicarse en unos meses si hacías bien tu labor.

Pero ahora puedes influir en más de 250 personas en pocas horas, si utilizas un buen difusor y lo colocas en un lugar adecuado. **En pocos meses podrías llegar a millones si tienes una buena estrategia**.

Antes influías a cientos de personas en poco tiempo, con Internet podrías influir en millones si sigues los pasos adecuados.

Ese es el poder de la red de redes.

VENCE EL MIEDO A LA CRÍTICA

Si te acostumbras a poner limites a lo que haces, físicamente o a cualquier otro nivel, se proyectara al resto de tu vida. Se propagara en tu trabajo, en tu moral, en tu ser en general. No hay limites. Hay fases, pero no debes quedarte estancado en ellas, hay que sobrepasarlas... El hombre debe constantemente superar sus niveles.

Bruce Lee

Si me has seguido desde hace tiempo, sabrás que mi abuelo materno fue comerciante. De él aprendí muchas cosas, pero la más importante, es que **no debía importarme lo que los demás opinarán de mí**. Esta sencilla forma de pensar me ha ayudado mucho en toda mi vida.

Muchos criticaron los procedimientos de mi abuelo, pero esos que lo criticaron, no consiguieron mucho. **Y no lo consiguieron porque estaban pendientes de qué opinaban los demás**.

Cuando comencé a adoptar esta forma de ser y de pensar, todo cambió. Ya no me detenían las voces internas, esas que a veces te sabotean afirmando que no tendrás éxito, tampoco las voces de las personas a mi alrededor. **De alguna forma me acostumbré a que me criticaran**.

Y eso me ha ayudado como influencer.

No sabes la cantidad de personas que me han criticado por obtener cosas gratis o cobrar por recomendaciones de servicios o productos. Pero yo estoy ganando dinero y ellos no.

Si realmente quieres ser influencer, debes acostumbrarte a ser criticado y, por tanto, tienes que controlar el miedo a la crítica.

Desde hace mucho tiempo sostengo que el miedo a la crítica es el principal enemigo a controlar para tener éxito en cualquier ámbito de tu vida, ya sea profesional o personal. Nota que escribí "controlar", porque nunca eliminarás el miedo de tu vida, solo tomarás control de él.

¿Por qué surge ese miedo a la crítica? Tiene muchos orígenes, pero uno de ellos tiene que ver con el temor a equivocarte.

Todos, absolutamente todos, hemos experimentado ese temor a equivocarnos, por eso nos detenemos hasta que aparentemente tenemos el control de la situación, y como a veces no nos sentimos seguros para hacer las cosas, seguimos postergando.

Solo cuando nos convencemos que equivocarnos es parte de hacer las cosas, actuamos y ya nada nos detiene.

Por eso, debes convencerte que siempre te equivocarás, y siempre habrá alguien que quiera hacer notar esa equivocación. Pero eso realmente no importa, lo que verdaderamente te debe importar, es que cuando te convences que vas a equivocarte, nada te va a detener.

Nada te detendrá porque ya no estarás pendiente del qué dirán, ni tampoco le harás caso a esas voces internas que te dicen que vas a errar. **Solo cuando te convences a ti mismo que vas a equivocarte muchas veces, vencerás el temor de equivocarte**.

Se lee muy simple y así es. Es muy simple y está al alcance de todos.

Cuando te convences, comienzas a hacer las cosas, y mientras te equivocas, vas aprendiendo nuevas cosas y vas desarrollando nuevas habilidades.

En estos momentos recordé una anécdota familiar que ejemplifica muy bien esto. Cuando mi hijo más pequeño comenzó a pararse para comenzar a caminar, tuvo un golpe muy fuerte. No exagero al decirte que fue muy fuerte, pues hasta el hospital fuimos a parar.

Después de eso ya no quería dejar de gatear y levantarse de nuevo. Se dio cuenta que gateando podía llegar a muchos lugares y ya no hacía el intento de levantarse. Eso pasaba en casa, porque en el parque no podía gatear porque el suelo estaba dispar.

Como le gustaba mucho el parque, comencé a llevarlo más seguido, para que en algún momento se convenciera de que debía pararse otra vez. **Y darse cuenta que posiblemente se iba a caer muchas veces más, pero debía seguir adelante y perder ese miedo**.

En el parque, lo dejaba en el pasto y me alejaba un poco. No tardó mucho cuando comenzó a levantarse de nuevo y a tener más confianza al caer, porque era más suave la caída. Tampoco tardó mucho cuando comenzó a caminar sin ayuda.

Recapítulemos:

1. Le proporcioné un medio más amigable para él y menos doloroso (el pasto).

2. El se convenció que debía caerse, y entre caída y caída, aprendió a caer sin lastimarse.

3. Comenzó a caminar después de aprender a caer.

El proceso que debes seguir es muy similar:

1. Convéncete que vas a equivocarte, así que procura aprender a equivocarte hasta que no duela tanto.

2. Haz lo que tengas que hacer y repítelo una y otra vez, hasta desarrollar una habilidad.

3. Vas a tener más confianza y a controlar el miedo a la crítica, cuando aprendas a equivocarte.

Sí, muchas veces te va a doler bastante esa equivocación, pero si quieres correr, tienes que levantarte y caminar seguro de ti mismo hasta correr. Y aunque aprendas a correr, seguirás cayendo, pero si aprendes a caer, todo será más sencillo.

Por eso debes convencerte que siempre vas a equivocarte. **De hecho equivocarte es parte del aprendizaje, así que no te preocupes por equivocarte**.

Un miedo que va relacionado con este temor a la crítica, es el **miedo a la cámara**.

La mejor forma para perder el miedo a la cámara, es dirigiéndote a ella como si le hablaras a tu mejor amigo.

Siempre habla frente a cámara dirigiéndote a tus seguidores, como si los conocieras de muchos años. **Tus seguidores deben sentirse bienvenidos en tus vídeos o transmisiones**.

No hay nada más poderoso que dirigirte a tu audiencia y hacerla sentir única y especial. **Por ellos estás en el apasionante mundo de la creación de contenido**

y gracias a ellos ganarás dinero, así que todo lo que hagas, hazlo pensando en ellos.

¿Y que pasa si aún no tienes seguidores? Es simple, imagina a tu seguidor ideal, escribe sus características:

- ¿Cuál es su edad?
- ¿En qué ciudad y país vive?
- ¿Cuál es su situación sentimental?
- ¿Tiene hijos?
- ¿Cuáles son sus intereses?
- ¿Cuál son su ocupación?
- ¿Cuáles son sus aficiones?
- ¿Qué características físicas tiene?

Si creas a tu seguidor ideal en tu mente, será más sencillo que pierdas el temor para hablar frente a cámara o ante el micrófono, porque sabrás exactamente qué decirle a tu seguidor ideal.

La confianza se consigue cuando no existen dudas. Sí, podría leerse muy obvio, pero permíteme explicarte más.

Cuando comencé a impartir conferencias, aún era muy joven e incluso aún no concluía mi educación universitaria. En las primeras conferencias, realmente me sentía muy temeroso ante el público, entonces comencé a analizar por qué sentía esto.

Descubrí que tenía ansiedad, es decir, me estaba anticipando a lo que podría ocurrir. No sabía quién sería mi público y si me preguntarían algo que en ese entonces desconocía, entonces hice lo más lógico: **elaboré un perfil de mi asistente ideal y el no ideal, además, me preparaba para las preguntas que nunca me harían.**

Me preparaba para el asistente positivo, aquel que quiere aprender y que no le importaba cuántos años tuviera, ni mi preparación académica, sino lo que podía enseñarle en ese momento; también me preparaba para el asistente negativo, que iba dispuesto a hacerme preguntas complicadas, con la finalidad de hacerme sentir incómodo.

¡Y todo fue más sencillo! Ya no tenía ansiedad, porque iba preparado hasta para lo que era poco probable que ocurriera. Debo decirte que hasta la fecha lo sigo haciendo, en toda presentación física o virtual, voy preparado para lo que te compartí en las anteriores líneas.

Esta es una gran estrategia para vencer el miedo a hablar frente a cámara o hablar frente a un público, y sirve también para controlar el miedo a la crítica. **Porque si vas preparado, es muy poco probable que alguien te haga dudar**.

Dominar un tema es la forma más eficaz para tener seguridad en ti mismo.

No confundas ir preparado con memorizar. No te estoy recomendando que memorices un guión, porque si olvidas algo, es muy probable que ya no puedas continuar y perderás la dirección de tu discurso.

Es mejor saber qué puntos debes seguir en tu presentación e ir profundizando en ellos conforme avances en ella.

Recuerda, **no tienes que hacerlo perfecto, tienes que hacerlo natural y dirigirte a tu audiencia**.

Usa esto para controlar tu miedo a la cámara, verás que todo cambia si haces uso de estas estrategias.

¿Más recomendaciones? Te comparto estas:

- Graba sin público. Será más sencillo si grabas sin nadie que esté contigo. Graba con la puerta cerrada y dentro de tu habitación u oficina.

- Graba solo cuando tengas suficiente tiempo. No tengas prisa, hazlo con calma, es la mejor forma para no tener temor frente a la cámara.

- Graba mientras ves a la cámara. Cuando nos grabamos, a veces tendemos a ver el monitor y cómo nos vemos, pero debes ver a la cámara, así será menos intimidante (además que tus seguidores se sentirán más cómodos).

- Mueve todos los músculos de tu cara. A todas horas, en todo momento, mueve los músculos, para que no te cueste mucho hacerlo cuando estás frente a cámara.

- Respira desde el vientre, no desde tu pecho. Así no te verás forzado, además no te cansarás cuando grabes.

- Practica, practica y practica. Repite una y otra vez, hasta que lo domines.

Graba bastante y conseguirás tener más confianza frente a la cámara, además, controlarás el miedo a la crítica.

UTILIZA EL PODER EL VÍDEO

No hay tiempos difíciles para las grandes ideas.

Harry Gordon Selfridge

En enero de 1896, Louis Lumière, mostró en 50 segundos *L'arrivée d'un train à La Ciotat* (Por su traducción del francés: *La llegada de un tren a la estación de La Ciotat*) en un teatro, y para muchos, el cine como lo conocemos comenzó en ese momento.

Aunque por muchos años se mantuvo el mito de que los asistentes a esa proyección se asustaron al ver la locomotora venir hacia ellos, la verdad es que los asistentes quedaron fascinados de ver las imágenes en movimiento.

Las imágenes en movimiento en pocos años se acompañaron con música y desde épocas más recientes, podemos ver la llegada no solo de trenes, sino de miles de cosas gracias a las plataformas que distribuyen vídeos. **Las imágenes en movimiento nos han cautivado por años, por eso el vídeo tiene tanto éxito hasta nuestros días**.

Los cincuenta segundos de Lumière fueron un avance increíble en esa época y ahora todos tenemos la posibilidad de crear vídeos de más calidad y duración.

Las herramientas y los materiales para hacer vídeos cada vez son más económicos, permitiéndonos a todos volvernos productores, directores y actores de nuestras propias películas. Bueno, en este caso, protagonistas de nuestros vídeos.

A diario muchas personas obtienen el éxito gracias a vídeos que han creado. Por ejemplo, una actriz de una televisión muy conocida quedó sin empleo, después de trabajar toda su vida en esa empresa. Ella abrió una cuenta en Tik Tok y comenzó a subir algunos vídeos para compartir su día a día con sus seguidores.

En poco tiempo la exactriz tenía millones de seguidores, que comenzaron a mostrarle su apoyo. Por supuesto ella comenzó a trabajar como influencer, consiguiendo un salario más grande que el que tenía en la televisión.

Ahora tiene el control de sus ingresos, los que llegan íntegros para ella. Cuando trabajaba para la televisión, solo recibía un porcentaje del dinero que ingresaba en la empresa, ahora está ganando un gran porcentaje y tiene todo el control de su nueva carrera.

Y todo por crear vídeos.

En el pasado, si deseabas ser protagonista de un vídeo, debías buscar a una televisión o productora, ahora tú puedes crear tus propias producciones. Crearlas y ganar mucho dinero con ellas.

Podrías preguntarte: «¿Cómo ganó dinero?». Es realmente muy simple, para explicártelo, vayamos a la época de oro de los periódicos.

Hace muchos años, cuando el periódico era el rey, ofrecía a los lectores una suscripción mensual, semestral o anual. Esta siempre era mucho más económica que si compraba el periódico diariamente, por eso miles de lectores no dudaban en adquirirla.

El periódico ofrecía un precio muy bajo porque deseaba tener un gran número de suscriptores, ya que al tener miles y miles de ellos, podía fácilmente venderle espacios publicitarios a las empresas.

Por ejemplo, el área encargada de vender publicidad, le ofrecía a las empresas llegar a 900,000 suscriptores con sus anuncios publicitarios. **Al tener miles y miles de suscriptores, le era más sencillo vender publicidad**.

El negocio de los periódicos no era vender noticias, era tener miles y miles de suscriptores, para ofrecer lectores a sus anunciantes.

Realmente las ventas por unidad no le interesaban a los periódicos, querían tener más suscriptores. Pasaba algo semejante con las revistas.

Al tener miles y miles de suscriptores, podían venderles lo que fuera necesario.

Sucede algo semejante con los influencers. Esta artista con millones de seguidores, puede ofrecerle sus seguidores a las marcas, como los periódicos lo hacían hace años. Y las marcas estarán felices de comprarle minutos de vídeo, porque saben que tendrá un impacto enorme entre sus seguidores.

El negocio no ha cambiado mucho, incluso se les sigue llamando suscriptores a los seguidores de los canales de vídeo. Si tienes miles de seguidores, será muy fácil que ganes dinero con las marcas.

Por eso el objetivo es tener miles o millones de seguidores, para que las marcas no tengan ninguna excusa para comprarte tiempo en publicidad.

Y el vídeo ha probado ser más eficaz que el periódico, por eso tienes una gran posibilidad con él. Desde Lumière se comprobó que el vídeo era muy poderoso, por eso no debe caberte ninguna duda.

Las personas actualmente están consumiendo vídeos, ya no solo los cincuenta segundos de la llegada de un tren, sino cientos y miles de horas al mes. Para que te des una idea, un microvídeo que grabé, de 35 segundos, lo han visto tantas personas que suman ya más de 188 horas de reproducción en solo una semana. Si una sola persona consumiera esa cantidad de horas, dedicaría siete días continuos sin interrupción para ver repetidamente un vídeo de 35 segundos.

Todos los que tienen acceso a Internet están consumiendo muchas horas de contenido en vídeo, es seguro que no las 188 horas por semana (porque sería imposible), pero sí más de las que consumían frente al televisor.

Consumen más porque hay más dispositivos para ver los vídeos, además que el vídeo ofrece no solo entretenimiento, sino aprendizaje y soluciones a su problemática diaria.

¿Quieres volver a utilizar tu consola de videojuegos de los ochenta pero ya no tienes los cables necesarios para conectarla a la televisión? Ve a buscar un vídeo y encontrarás varios que te explican cómo hacerlo. ¿Quieres cortar el pelo de tu hijo? Ve a ver un vídeo que te explica cómo hacerlo.

Por cierto, hace poco corté el cabello de mi pequeño hijo. Nunca lo había hecho, pero podía aprender cómo. Fui a Youtube, seleccioné uno que explicaba cómo cortarlo a los niños, memoricé los pasos, tomé las herramientas necesarias y ¡lo hice!

No fue un corte perfecto, pues la parte delantera parecía más la frente de un monje del medievo, pero para ser mi primer corte, no fue tan malo. Por supuesto he seguido aprendiendo, para no cometer los mismos errores.

Aunque no me dedicaré a los cortes de cabello, estoy aprendiendo un nuevo oficio, como lo puedes aprender tú también.

Hay personas que han construido una casa entera solo estudiando vídeos de Youtube. Hasta este momento no lo pienso imitar, pero construir una casa con lo aprendido en vídeos puede ser un buen reto para dentro de unos años más.

Actualmente existen vídeos con contenidos diferentes y aún hay muchos espectadores esperando a que tú grabes tus vídeos para ayudarlos con sus necesidades.

¿Qué hacer en un vídeo para que sea útil a tus seguidores? Haz esto:

- Encuentra una idea interesante para tus seguidores.
- Construye una narrativa con tu vídeo.
- Toma algo ordinario y construye algo extraordinario.
- Dale una nueva perspectiva a una idea vieja.

Busca una historia interesante para compartirla con tus seguidores y crea un vídeo con ella. En el vídeo tienes la posibilidad de crear una narrativa con imágenes, sonidos y vídeos.

Hay muchas historias que puedes contar de forma interesante, y como conoces a tu audiencia, puedes compartirles lo que necesitan para seguirles influyendo positivamente.

¿La duración de cada vídeo? Por supuesto la duración cambia de acuerdo a cada temática, pero siempre procura hacer tus vídeos simples y directos al tema. No pierdas tiempo valioso en cosas que no tienen que ver con tu narrativa central.

Usa los primeros segundos para atraer la atención del que lo ve y desarrolla tu tema en pocos minutos, los realmente necesarios para ir directo al grano.

Lo importante y que no debes pasar por alto:

1. La estructura del vídeo.

2. La calidad de la imagen.

3. La calidad del sonido.

Por supuesto es importante el contenido, pero sin una buena calidad en sus imágenes y su sonido, no tendrá el mismo impacto en tus seguidores.

Para el contenido, debes hacer un guión previo, donde tengas claro exactamente qué compartirás y en qué orden. Para la calidad de las imágenes, cuida la luz ambiente y que la imagen sea nítida; para la calidad de audio, utiliza un buen micrófono.

¿Quieres más ideas sobre qué tipo de vídeos puedes crear? Simple, todos aquellos que ayuden a tus seguidores. Específicamente estos tipos podrían ayudarte:

- Tutorial. Posiblemente el formato más buscado; en él puedes explicar qué debe hacer tu seguidor para conseguir algo.

- Webinar. Es un seminario en versión vídeo para enseñar a otros sobre un tema determinado.

- Vídeo Interactivo. Actualmente la gamificación (el uso del juego para aprender) es una técnica que enseña de forma divertida.

- Entrevista. Para que tus invitados especialistas compartan contenido de valor.

- Vídeo testimonial. Las recomendaciones o buenas opiniones son para que tus seguidores confíen en tu marca.

- Vlog. Filmaciones de tu día a día, exponiendo lo que haces y cómo lo haces.

INFLUYE A TUS SEGUIDORES CON VÍDEOS

Alimentar a los medios es como adiestrar a un perro. No le puedes tirar un bistec entero a un perro para enseñarle a sentarse. Tienes que dárselo a trocitos, una y otra vez, hasta que aprende.

Andrew Breitbart

Ya te he expuesto que debes influir en tu audiencia de muchas formas, y para conseguirlo, debes utilizar tus contenidos. El vídeo es muy poderoso y tienes que aprovecharlo.

Para crear vídeos que seduzcan a tu audiencia y provoquen alguna reacción en ellos, debes seguir ciertas estrategias. En esta parte te las expondré.

El proceso para crear un vídeo, debe responder estas preguntas, en ese orden:

1. ¿Por qué?
2. ¿Qué?
3. ¿Cómo?
4. ¿Qué pasaría si?

Por cierto, esta estrategia te sirve para crear todo tipo de contenido, no solo vídeo. Aunque en estas líneas, solo me enfocaré en la creación de vídeos.

Cuatro preguntas clave, que deben seguirse en ese orden. Vamos con un ejemplo.

Imagina que vas a hacer un vídeo que convenza a tu audiencia para comprar un smartphone. **Primero, tienes que mostrar el porqué deben conocer ese smartphone**.

El porqué es importante por dos razones:

1. Hace que la persona que ve el vídeo no deje de verlo hasta el final.

2. Introduce a la persona al tema.

Al inicio del vídeo podrías comenzar con este guión:

> *Llevo una semana utilizando el smartphone X, y me han impresionado sus dos cámaras, la trasera y delantera, que consiguen tomar fotografías con gran detalle y unos vídeos con alta resolución (aquí muestras algunas fotografías y clips de vídeos que has conseguido con el smartphone). No me extrañaría que muchos creadores de contenido comiencen a usar pronto este aparato, para mejorar sus creaciones.*

En la primera parte del vídeo, justificas el *porqué* deben ver tu vídeo y el *porqué* necesitan adquirir este aparato tecnológico.

Para la segunda parte, donde contestarías el *qué* podrías decir algo como esto:

> *Todos los smartphones nos son útiles porque son computadoras que caben en nuestro bolsillo. Además, tenemos la posibilidad de tener varias herramientas en una. Por mi experiencia utilizando este celular, te recomendaría utilizar un trípode para estabilizar los vídeos que realices y así saques el mejor provecho de este. También descargué la*

app X que me permitió conseguir una mejor defi-
nición de las fotografías. Con estas herramientas y
el smartphone, te convertirás en un experto. Este
celular no es muy grande y cabe perfectamente
en cualquier bolsillo, por lo que puedes traerlo a
todos lados, ¡además resiste golpes!

En esta parte, además de seguirlo introduciendo al tema, le estás compartiendo a tu audiencia *qué* puede hacer para mejorar su experiencia, además de *qué* beneficios le traerá el aparato.

En el *cómo*, muestras los resultados obtenidos con ese smartphone, su forma correcta de uso, alguna demostración de resistencia a los golpes y una lista de procesos que debe seguir para obtener los máximos beneficios de él.

Cierras tu vídeo con el *qué pasaría si*, en el que explicas las posibilidades que tiene al usar este aparato tecnológico, los pasos siguientes, cómo adquirirlo, algunos conceptos avanzados y más detalles que lo animen a adquirirlo.

Si sigues este orden, tu vídeo tendrá un gran impacto en tu audiencia. **Lo tendrá porque está venciendo sus posibles tribulaciones para adquirirlo.**

Además estás siguiendo un orden lógico del pensamiento. Ese orden imita la forma natural que usamos para analizar los datos, y tú le estás dando una secuencia lógica que le ahorrará muchos pasos.

Todo vídeo y en general, todo contenido que tú hagas, debe seguir este proceso. Incluso en los microvídeos, lo utilizamos, así tenemos más posibilidad de que vean nuestro contenido.

Recuerda:

1. El para qué introduce a la audiencia y le proporciona una justificación para ver tu vídeo.

2. El qué le explica lo esencial.

3. El cómo le muestra los pasos y los procedimientos.

4. El qué pasaría si le permite visualizar el futuro, así podrá verse usando el producto que recomiendas.

Expuesto de otra forma, primero consigues su atención, le compartes que lo que enseñas es útil para él y al último consigues que haga algo.

Analiza los vídeos que más disfrutas y encontrarás un proceso parecido.

Todos tus vídeos deben tener un claro objetivo de tu parte, nunca te pares frente a una cámara sin saber exactamente qué deseas provocar en tu audiencia.

Nunca comiences un vídeo sin una idea clara de qué vas a compartir, ni comiences un vídeo sin seguir ese orden propuesto, porque solo aburrirás a tu público.

Por supuesto debes tener claro cuál va a ser el objetivo de tu vídeo. Algunas veces deseamos que la audiencia compre de inmediato, otras necesitamos que conozcan lo que promovemos, para que tomen una decisión en vídeos futuros. ¿Qué quieres conseguir con tu vídeo? ¿Crear credibilidad? ¿Conseguir ventas de inmediato? ¿Generar tráfico hacia tu producto? Debes tener claro cuál es tu objetivo.

Procura hacer vídeos que sean diferentes, vídeos que pocos esperan ver. Sin perder tu esencia, tu real forma de ser. **No eres un actor, eres una persona real y así debe percibirte tu audiencia.**

Tu vídeo no debe parecer anuncio, tiene que ofrecer contenido de valor que le sirva a tus seguidores. No eres actor y no eres un vendedor callejero intentando convencer a todos (en México les llamamos merolicos).

Lo ideal es que tu vídeo utilice un 95% del tiempo a entregar contenido de valor y el restante 5% a invitarlo a realizar una acción, sea de compra o para hacer otra cosa. **Ten en cuenta que en todos tus vídeos debes llamar a alguna acción**.

Ofrece contenido de valor y llama a la acción, así siempre tendrás resultados.

UTILIZA YOUTUBE PARA DIFUNDIR TU MENSAJE

He aprendido que la gente olvidará lo que dijiste, la gente olvidará lo que hiciste, pero las personas nunca olvidarán cómo los hiciste sentir.

Maya Angelou

Hace algún tiempo comencé a recibir decenas de fotografías en mi Whatsapp, con creaciones en barro y cemento de mi madre. Sucede que había descubierto Youtube y comenzó a aprender cómo crear macetas para sus plantas, y después siguió creando más y más cosas.

No es la única, son millones de personas que están aprendiendo a diario en esta plataforma, otras la utilizan para pasar el rato y otras la utilizan para comunicar sus ideas. Youtube se convirtió en poco tiempo en el sitio más visitado de la red.

Esta plataforma nos permite compartir contenido de valor con nuestros seguidores y aunque existen muchos creadores, aún puedes tener éxito en ella.

Necesitas entender su algoritmo para que tengas mayor exposición orgánica en la plataforma. Los algoritmos de las plataformas son códigos informáticos que recopilan información, interpretan las conductas de los visitantes, resuelven problemas y toman algunas decisiones a partir de todo lo recopilado.

Los algoritmos pueden ayudar a que tus vídeos sean vistos por tus seguidores o pueden entorpecer tu labor, por eso debemos entenderlos.

Por supuesto, no sabemos cómo funcionan exactamente los algoritmos de Youtube, pero a partir de mi experiencia y la de otros, puedo compartirte algunas recomendaciones para que tu vídeo tenga éxito, a partir de nuestro entendimiento del algoritmo.

Cuando una persona busca algo en Youtube, es más probable que la plataforma le muestra aquellos vídeos que incluyan la palabra clave en:

1. El nombre del archivo de vídeo.

2. Su título.

3. Su descripción.

4. Sus etiquetas.

Por ejemplo, mientras escribo estas líneas, las personas están buscando cómo crear un efecto de vídeo para crear contenido en Tik Tok. Se trata de un efecto como el del vídeo de la canción "*Take On Me*" de la agrupación A-ha, si has visto este vídeo, sabrás que está realizado con dibujos a lápiz.

Hice un vídeo con este efecto, y me preguntaron cómo lo había conseguido, entonces subí un vídeo a mi canal de Youtube explicándolo.

Cuando grabé el vídeo editado, le coloqué este nombre al archivo multimedia: "*Cómo crear el efecto de dibujo a lápiz en un vídeo*", cuando lo subí a Youtube, coloqué este título al vídeo: "*Cómo crear el efecto de dibujo a lápiz en un vídeo | Vídeo de A-ha en su canción Take On Me*", hice esto porque las personas buscaban este tipo de palabras clave, específicamente buscaban estas palabras:

- Crear efecto a lápiz en un vídeo.
- Efecto A-ha.
- Efecto *Take On Me*.

Entre otras relacionadas, por eso las incluí en el nombre del archivo y en el título. ¿Cómo supe qué palabras estaban buscando? Es simple, con una herramienta llamada Vidlq. Ella te permite conocer qué palabras relacionadas buscan los internautas en Youtube.

Al conocer qué buscaban, era más sencillo colocarle un nombre al archivo y al título. También usé estas palabras en la descripción. Así quedaron en la descripción:

Cómo crear el efecto de dibujo a lápiz en un vídeo.

Hace unos días hice un vídeo en tik tok de Alex, mi mascota, agradeciendo a todas las personas que se habían preocupado por él. Posiblemente sepas que estuvo un poco enfermo, yo creo que tú también te enteraste pero ya está bien.

Es un vídeo con un efecto como si fuera al lápiz, yo creo que has visto un vídeo muy famoso de los ochentas donde cambiaba de la vida real a una vida de cómic; se iba a esa vida de cómic y era como si estuviera dibujado a lápiz el vídeo.

En su momento en los 80s debió de ser muy difícil, pero ahora tenemos aplicaciones que pueden conseguir esto y mucho más. Estamos en una época bastante buena en internet por eso siempre te invito a que estés pendiente de todas las novedades de internet en este canal.

Vamos a la aplicación para que veas cómo se realiza ese efecto.

En este vídeo te comparto qué app utilicé para crear el efecto de lápiz en un vídeo para Tik Tok. Efecto de Vídeo de A-ha en su canción Take On Me o sketch o grafito.

Usé las palabras clave, además usé algunas líneas de mi guión, para permitir a Google mostrar mi vídeo a más personas que buscaran esas palabras. Recuerda que son robots los que están agregando tu contenido a los buscadores, así que debes hacerle más fácil su trabajo.

En las etiquetas, usé estas palabras clave:

Cómo crear el efecto de dibujo a lápiz en un vídeo, Vídeo de A-ha en su canción Take On Me, sketch, efecto escritura a mano after effects, de foto a dibujo a lapiz, take on me,take on me a-ha,- take on me meme, video a lapiz, efecto dibujo en sony vegas, mejores efectos para videos musicales, efecto sketch para fotos, grafito, efecto take on me tik tok

Incluí el título del vídeo porque al parecer lo toma en cuenta el algoritmo, además de las palabras clave que me indicó VidIq, también algunas posibles variantes.

Lo que hice y tú también debes hacer, es proporcionarle la información más exacta de tu vídeo al algoritmo de Youtube, para que le sea muy sencillo encontrarlo y así mostrárselo a los internautas que podrían interesarse en tus contenidos.

La miniatura del vídeo también es importante. En ella muestro una fotografía con el efecto a lápiz, acompañada de este título: "Efecto lápiz en vídeos". Comparto contigo la imagen:

La miniatura es importante para distinguirte de los cientos o miles de vídeos con un contenido semejante al tuyo. Por eso tienes que usar elementos que le permitan decidir al visitante si desea ver o no tu vídeo.

USA FACEBOOK PARA FORTALECER LAZOS

Juega según las reglas, pero sé feroz.

Phil Knight

Facebook es la red social para hacer amigos, y aunque es desdeñada por los más jóvenes, aún tiene millones de seguidores que podrían ser tu público meta. Por eso te recomiendo tener presencia en esa red social si así lo consideras pertinente.

Aunque los más jóvenes ya la están abandonando, los de mayor edad se han quedado. Si como influencer te estás enfocando a mayores de 25 años, esta red es para ti.

Es la red social que se resiste a morir y aún puedes aprovecharla. Por supuesto, todo cambia rápidamente en Internet y cuando leas esto, podría ser una red que ya no sea actual, pero ve a mi blog (www.sintrabajar.com), donde encontrarás las recomendaciones actuales y las actualizaciones de este libro.

Esta red social te permite compartir texto, fotografías, vídeos y links. Y como en cualquier plataforma, debes comprender cómo funciona el algoritmo para tener más éxito en esta plataforma. Y como en cualquier red, la forma de comportarse de su algoritmo cambia constantemente.

Actualmente, él le proporciona más visibilidad a las publicaciones en este orden:

1. Texto.

2. Vídeos.

3. Fotografías.

4. Links.

Así que si deseas tener un alcance orgánico (sin pagar publicidad), deberás utilizar publicaciones en ese orden. Por supuesto hay algunos trucos para aumentar tu visibilidad.

Si quieres compartir un link, no lo compartas directamente, porque el algoritmo lo detectará, mejor comparte un vídeo, acompañado de texto, con el link en él. Haz lo mismo con una fotografía, así tu publicación tendrá más visibilidad.

El vídeo tiene más posibilidad porque las personas tienden a consumir más horas de vídeo, como ya te lo he mencionado. Además, a Facebook le interesa el vídeo, porque quiere competir con Youtube, por eso le dará más visibilidad a él.

Los vídeos deben ser de corta duración y debes observar las mismas recomendaciones de Youtube en cuanto a su calidad, pero en tamaño, procura que sean cuadrados, en lugar de rectangulares.

Facebook supone que la mayoría de personas ven sus vídeos en sus teléfonos inteligentes, por eso premia el formato cuadrado. También le agrada el formato horizontal, porque se ve mejor en smartphones. Yo comparto más vídeos cuadrados y he tenido éxito, por eso te recomiendo que hagas lo mismo.

Los microvídeos tienen un gran impacto en esta red social, por eso tienes que utilizarlos. Yo uso una herramienta para crearlos que es excelente. Se trata de InVideo (http://libro.red/invideo), una herramienta para edición de vídeos, que es simple y rápida, que te permite tener vídeos en pocos minutos, de distintos tamaños y duración.

Con InVideo tienes plantillas listas para usarse y una interfaz muy intuitiva. Lo mejor es que está disponible desde Internet, así que no tienes que descargar ningún software y puedes usarla desde cualquier computadora conectada a la red de redes.

Crea distintos tipos de vídeos con esta herramienta, no solo para Facebook, sino para otras plataformas.

En Facebook como en otras redes sociales, tienes que ser consistente en tus publicaciones, es decir, debes compartir mucho contenido si quieres distinguirte de los demás. Si quieres estar activo en Facebook, debes compartir contenido al menos tres veces por día.

No te asustes, hay diversas formas para automatizar tus publicaciones, así ahorrarás tiempo y esfuerzo. Apaláncate con herramientas como Hootsuite, que es una plataforma de automatización de contenido para Facebook.

En Hootsuite puedes programar tus publicaciones hasta por tres meses, para que se vayan publicando los días y horas que has señalado, así no necesitas estar todo el tiempo en Facebook. Con esta herramienta podrás publicar las tres veces al día o más que te recomiendo, de forma automática.

Otra forma de seguir publicando y no cansarte creando demasiado contenido, es reciclar la información que has compartido en otras redes sociales. Si has compartido una foto en Instagram, puedes también compartirla en Facebook.

No compartas el contenido al mismo tiempo en ambas redes sociales, espera al menos una semana para hacerlo. Si compartiste una publicación en Instagram esta semana, espera ocho días para compartirla en Facebook, de esa forma no aburrirás a los seguidores que tienes en ambas redes.

Si te siguen en las dos redes sociales, no verán lo mismo, sino contenidos diferentes, aunque hayas reciclado contenido.

También recuerda que un vídeo puedes extraerle el texto y compartirlo, también podrías hacer un vídeo a partir de una reflexión, o usar el contenido de tu podcast para hacer vídeos. **Aprovecha todo tu material para hacer más material para compartir**.

Eso que compartes, tiene que ser relevante e interesante para tus seguidores, para que ellos regresen por más contenido a tu Fanpage o grupo.

Recuerda que te he comentado anteriormente que los grupos en este momento tienen más posibilidades sobre las Fanpages, aunque por su naturaleza, hay más distractores en ellos.

Publica en tus grupos y en los grupos de otros, siempre que sean de la temática relacionada a lo que haces. Tienes prohibido compartir tu contenido en grupos que no sigan la temática que tú tienes. Lo tienes prohibido, porque no conseguirás mucho.

Imagina que estás promocionando a una escuela de idiomas, y la promociones en un grupo de cocina, no tendrás respuesta de los seguidores. Aunque defiendas que podría serles útil, lo mejor es que en un grupo de cocina, compartas contenido relacionado a la cocina.

En cambio, si compartes el contenido de la escuela de idiomas en un grupo de padres preocupados por la educación de sus hijos, conseguirás más. **No debes compartir por compartir, tienes que compartir en los sitios adecuados, para conseguir los resultados deseados**.

Recuerda que será gracias a tu contenido de valor que conseguirás seguidores en tu profesión como influencer. Entre más y mejor contenido de valor compartas, más crecerá tu comunidad.

No olvides cambiar la portada de tu Fanpage y de tus grupos. Tus seguidores se aburren al ver lo mismo, así que tienes que ofrecerles variedad continuamente.

En tus Fanpages puedes colocar microvídeos para hacerlas más dinámicas, en ellos, coloca la forma de contactarte en otras redes sociales, así tendrás más seguidores en todas.

Coloca imágenes de alta calidad en tus grupos, que animen a más personas a unirse a ellos y traer a más personas para hacerlos más grandes.

Y no temas con experimentar en Facebook.

La mayoría huye de la experimentación, pero esta ha probado ser el procedimiento más eficaz para tener éxito. **Solo aquellos que se permiten experimentar consiguen más**.

Comparte contenido en diferentes horarios y encuentra la mejor hora para publicar, utiliza diferentes imágenes y comprueba con qué tipo hay una mayor respuesta de tus seguidores. Experimenta con todo y lleva un control de tus experimentos.

Repite lo más exitoso y olvida lo que tiene menos impacto. Esto aplica para todas las redes sociales y todas las plataformas: experimenta una y otra vez hasta conseguir el éxito.

Si quieres más recomendaciones sobre Facebook, te recomiendo leer mi libro "*Facemoney: Cómo ganar dinero fácilmente con Facebook*", es un manuscrito enfocado totalmente en esa red social.

APROVECHA EL PODER DE LAS TRANSMISIONES EN VIVO

Nuestro predominio, nuestra maestría, no se deriva de las manos, sino de nuestro cerebro; de que hayamos hecho de nuestra mente el instrumento más poderoso conocido en la naturaleza, mucho más eficaz que cualquier garra.

Robert Greene

Todos los días llevo a mi perro a caminar al parque. Y al menos dos veces por semana, después de dar una vuelta con él, hago una transmisión en vivo para que mi audiencia me acompañe virtualmente en esa perrocaminata.

Transmitir en vivo la caminata con mi mascota, involucra más a mis seguidores, quienes se sienten parte del paseo gracias a la magia de la tecnología.

Mi audiencia camina conmigo, conoce los lugares que recorremos y me hace preguntas. Es un momento virtual que me permite conocerlos y ellos me conocen más, y confían en lo que les recomiendo.

Transmito desde el smartphone, a veces utilizando el estabilizador de vídeo y micrófono profesional, otras, solo el teléfono móvil. Actualmente, **cualquiera puede realizar una transmisión en vivo en esta época**.

Todos tenemos acceso a teléfonos inteligentes que permiten transmitir en vivo desde múltiples plataformas. Con ellos, puedes hacer eventos en vivo desde:

- Youtube.
- Facebook.
- Twitter.
- Instagram.
- Tik Tok

Cada plataforma tiene diversas características y diversas reglas para transmitir, pero en todas encontrarás una gran difusión de tu mensaje.

Todas esas plataformas necesitan contenido, por eso estarán más que felices cuando tú se los proporciones. Y a ti te ayudarán también, porque podrás llegar a más personas con tu contenido.

No solo transmito mis perrocaminatas, también transmito desde mi casa, en mi oficina y antes de algún evento presencial, como una conferencia o curso. Las transmisiones en vivo consiguen la atención de mi audiencia, quien está siempre pendiente de mis actividades.

Ya te había compartido que usar las trasmisiones en vivo es una excelente estrategia para involucrar a tu audiencia y hacerla sentir parte de tu comunidad.

Una transmisión en vivo es poderosa, porque los asistentes pueden preguntarte, compartir sus historias y conocer a más personas que tienen intereses similares.

Por eso tienes que utilizarla para hacer crecer tu comunidad e influir en tus seguidores.

Las transmisiones en vivo permiten la interacción y son un excelente medio para fortalecer los vínculos con tu audiencia.

Y para que las aproveches al máximo, sigue estas recomendaciones:

- Debes tener un objetivo claro. No se trata solamente de transmitir, sino de tener un objetivo claro para hacerlo. ¿Quieres dar a conocer algo? ¿Quieres interactuar más con tus seguidores? ¿Quieres que te conozcan más?

- Ten un calendario de transmisiones. Es mejor que tu audiencia sepa que hay un día y una hora para esa actividad, así estará esperando tu transmisión con ansias.

- Cuida los aspectos técnicos. Procura que tus transmisiones tengan una buena imagen y sonido, evita las interrupciones y la mala iluminación. Tu audiencia merece lo mejor, procura dárselo.

- Promueve tus anteriores transmisiones. Todo contenido es importante, y tus transmisiones pasadas tienen mucho contenido que a tu audiencia le va a ser útil, por eso tienes que seguir promocionando las antiguas sesiones en vivo.

- Conecta con tu audiencia. Interactúa con ella y procura que interactúen entre ellos. Sirve como conector entre ellos, presentándolos y motivándolos a seguirse mutuamente. Habla con tu audiencia como lo harías con un amigo en una conversación de café.

- Diviértete. En cada transmisión debes divertirte con lo que haces. Es la oportunidad ideal para conocer más a tu audiencia, además es la oportunidad para que te conozcan y confíen en ti. Diviértete en cada transmisión.

Comparte información útil con los que se conectan a las transmisiones en vivo y hazlos sentir especiales por estar en estos eventos. Cada transmisión debe ser única y con gran valor, para que tus seguidores estén deseando estar presentes en las próximas.

Sé generoso con el contenido que compartas y siempre deja a tu audiencia deseando más y más transmisiones.

Algo que hago y te recomiendo realizar también, es grabar mi sesión en vivo con otra cámara de mayor calidad, para editar posteriormente el contenido. El resultado lo subo a mis otros canales y redes sociales, de esa forma estoy utilizando al máximo el contenido que compartí.

A veces es un vídeo, otras son varios vídeos que resultan de esa transmisión. En los vídeos que comparto siempre menciono que son editados de una transmisión en vivo.

Las transmisiones en vivo harán que tu audiencia confíe más en ti y en lo que recomiendas.

Otra de las ventajas de este tipo de contenido, es que no necesitas ser un gran expositor para conectar con tu audiencia. **Como el formato es más informal, se permiten los errores, las pausas y la improvisación**.

Gracias a estos eventos, podrás ir desarrollando nuevas habilidades para comunicar tu mensaje, así conseguirás más seguridad en tus grabaciones en vídeo. Dicen que "la práctica hace al maestro" y es verdad, entre más transmisiones en vivo tengas, más seguridad en ti mismo desarrollarás.

Tampoco necesitas desarrollar otras habilidades técnicas, porque la transmisión en vivo es cada vez más sencilla de realizar en las plataformas.

Aunque es muy sencillo hacer una transmisión, siempre te recomendaré que vayas adquiriendo herramientas para hacer tu labor más profesional.

Para mejorar tus transmisiones con tu smartphone, debes adquirir:

- Un estabilizador para tu smartphone. Esta herramienta te ayuda a conseguir vídeos muy estables, semejantes a los de las películas y documentales. Esta herramienta te ayuda a disminuir considerablemente el movimiento de tu mano, consiguiendo tomas cinemáticas.

- Un micrófono especial para smartphone. Aunque hay muchos modelos, te recomiendo adquirir uno pequeño con clip, que puedas colocar en tu ropa, ten en cuenta que este tendrá un cable, por lo que es recomendado usarlo cuando no tengas que moverte. Si te mueves, uno ambiental será el adecuado.

- Lámparas led. Hay unas pequeñas que puedes llevar a todas partes, que te ayudarán a iluminar para evitar el exceso de sombras.

Para transmitir desde casa u oficina, consigue:

- Un trípode de al menos un metro sesenta centímetros de altura. Te ayudará a colocar tu smartphone o cámara web y evitar el movimiento.

- Una cámara web. Esta la conectas por entrada USB a tu computadora de escritorio o portátil. Entre más calidad tenga tu cámara, será mejor.

- Un micrófono de calidad. Aunque muchas cámaras web tienen micrófono, será mejor conseguirte uno dedicado exclusivamente para captar el sonido.

- Lámparas con trípode. Así conseguirás una gran iluminación.

Tanto en transmisiones en vivo, como en vídeos grabados, debes buscar una buena iluminación, una buena imagen y un excelente sonido. Esto te diferenciará de los demás.

Si deseas conocer qué equipo utilizo actualmente para transmitir o grabar mis vídeos, ve aquí donde te comparto todo: http://libro.red/herramientas En ese lugar voy colocando lo que voy adquiriendo para mejorar mi actividad como creador de contenido.

El equipo es importante para crear contenido de calidad, así como también la parte personal, tal como te la he comentado anteriormente. **Las personas quieren conocer de ti y las transmisiones en vivo son el medio ideal para compartir más de tu día a día**. El aspecto técnico y el humano van de la mano y no debes olvidarlo.

No solo entregues buena calidad de vídeo en tus transmisiones, comparte parte de tu vida para crear confianza en tus seguidores y convertirlos en superfans.

CREA TU PODCAST

El gran fin de la vida no es el conocimiento, sino la acción.

Thomas Henry Huxley

Cuando era niño tenía un pequeño laboratorio en casa, en ese entonces la química y física me fascinaban. Algunas herramientas me las compraban mis padres, otras, las rescataba del basurero.

Un tío que trabajaba en un hospital me conseguía cosas que se desechaban de este (sí, ahora estaríamos asustados llevando a casa material médico de ese tipo, pero eran otros tiempos), otro me conseguía partes mecánicas y algunos amigos de la familia libros con información de esas ciencias.

Por supuesto mi laboratorio era muy básico, pero me permitía hacer algunos experimentos.

Ahí comencé a experimentar con la óptica, creando pequeños lentes de aumento para ver cosas muy pequeñas, o construyendo un supuesto telescopio, que solo me permitía ver pasar a las personas frente a mi casa.

Entre libros y revistas viejas, me encontré la forma de trasmitir audio mediante frecuencias. Pronto tenía una pequeña antena para transmitir una señal y me enfoqué en crear el aparato que la transmitiera. Era más complicado de lo que pensaba, así que desarmé unos walkie talkies y conseguí así transmitir una débil señal que solo

captaba mi mejor amigo, que vivía más o menos a un kiló-
metro de distancia. Para mí fue un gran logro.

En ese entonces tendría unos trece años y otros intereses llegaron, dejando a un lado mi intención de crear una
radio comunitaria. Ya sabes, me interesaba más que las
chicas me voltearan a ver, en lugar de seguir experimen-
tando con frecuencias radiales. Pero esa necesidad de
comunicar no la olvidé del todo.

Fue hasta la universidad que tuve la oportunidad de ser
invitado a un programa de radio, como participante relativamente frecuente. Un par de veces al mes, asistía a
una estación de radio de la ciudad, para hablar de cosas
de jóvenes, entonces me di cuenta que en el pasado,
deseaba crear una transmisora de radio para compartir lo
que pensaba, más que construirla.

Mi participación en radio fue por pocos meses, pero eso
me ayudó a buscar cómo compartir mi forma de ser y
de pensar. Le siguieron conferencias, cursos y unos años
después, un programa de televisión de cable que se
transmitía en una pequeña comunidad.

Después de la universidad, tuve más tiempo para estar en
radio, en diversas emisoras y diversos programas, a veces
como invitado, otras como parte del equipo y en algunas
con una sección recurrente. La radio siempre me gustó.

Para hacer llegar mi mensaje, dependía de quien tuviera al
público: de las emisoras de radio o televisión. Pero actualmente esto es más sencillo, porque podemos transmitir
nuestro mensaje a través de las plataformas de Internet.

Ya no necesitas crear una emisora de radio, ni buscar
quién te invite a su programa, ahora tienes el poder de
transmitir tu mensaje a través de tu podcast.

El podcast, tal como te lo he compartido anteriormente, es una grabación de audio, que se asemeja a los programas de radio, solo que esta se graba, para que cualquier persona, a cualquier hora, pueda escucharla. **Esto es muy conveniente, porque las nuevas generaciones ya no quieren estar sujetas a los horarios**.

Esa grabación, se distribuye en distintas plataformas, algunas especializadas. Y lo mejor de todo es que bastantes de esas plataformas son gratuitas.

Yo tengo mi podcast en la plataforma llamada **Anchor** (http://libro.red/anchor), que incluso te permite grabarlo desde ahí. En esta plataforma, tú puedes:

- Guardar tus episodios del podcast
- Distribuirlos a diferentes plataformas
- Monetizar tu podcast

El podcast se divide en episodios, y cada uno de ellos necesita un espacio para ser guardado. Anchor te proporciona ese espacio.

Además te permite distribuirlo a muchas plataformas con miles de posibles escuchas. Por ejemplo, mi podcast está disponible en estas plataformas:

- Spotify.
- Breaker.
- Google Podcasts.
- Apple Podcasts.
- Overcast.
- Pocket Casts.

- PodBean.
- RadioPublic.

Cuando subes tus episodios en ella, ya no necesitas ir a cada una de las plataformas, Anchor lo hace por ti.

Como debes saberlo, Spotify es la aplicación número uno de música, y es la que más audiencia nos reporta a los que tenemos un podcast, por lo que muchos desean estar ahí. **Anchor hace posible que nuestro mensaje llegue a miles de personas**.

Con plataformas como Anchor, ya no dependemos de la radio tradicional para hacer llegar nuestro mensaje. Nos convertimos en productores de nuestro propio programa y llegamos a miles (o millones).

Esa plataforma no es la única, pero actualmente sí la más conveniente.

También permite monetizar tu podcast con sus propios segmentos publicitarios.

Anchor te permite crear, guardar y distribuir tu podcast en diversas plataformas, pero para crearlo, necesitas:

- Un micrófono.
- Un programa de edición.

Aunque puedes editar en Anchor, el programa de edición te será útil para hacerlo más profesional. Un micrófono de calidad te ayudará bastante. En la actualidad hay muchas opciones y muy económicas.

Procura conseguir un micrófono unidireccional, que deberás colocar frente a tu boca, para que reciba solo el sonido de tu voz, aislando los sonidos de tu alrededor. **Ese micrófono reduce mucho el ruido del ambiente, creando un sonido más armónico**.

Este es el ideal para el podcast, pero no es muy útil para tus vídeos, ya que debes tenerlo muy cerca de la boca, y al grabarte en vídeo, tu rostro no saldrá completo. Es decir, el micrófono llamará más la atención en tu grabación de vídeo.

Con cualquier micrófono podrías comenzar, pero si deseas mayor calidad, opta por el unidireccional.

Programas de edición hay muchos, uno de ellos es Audacity (www.audacityteam.org), que es un software libre, que no tiene costo para el que lo descarga.

En la edición, te recomiendo que utilices música libre de derechos de autor, para que no tengas problemas legales.

La música puedes emplearla al inicio y al final, para marcar esos tiempos. Procura que estos dos momento sean de 5 a 15 segundos de duración. También, entre cada idea que vayas compartiendo en tu episodio, procura colocar una "cortinilla" de música. Se le llama así al segmento de audio que marca un cambio en el ritmo del programa. Las "cortinillas" deben de ser de 5 a 15 segundos también.

Te recomiendo que escuches diferentes emisiones de podcast, así tendrás una idea clara de cómo tiene que ser tu propio programa.

No olvides invitar a los que te escuchan que te sigan en todas tus redes sociales, así irás creando una comunidad más grande y fuerte.

CREA MICROVÍDEOS CON CONTENIDO INTERESANTE

Saltar de un acantilado conlleva una emoción extraordinaria cuando lo decides tú. Nunca sentirás esa emoción si alguien te empuja.

John Moravec

Una de las agencias que me consigue campañas como influencer me invitó a registrarme en Tik Tok, una red social de vídeos cortos (con duración de 15 segundos a un minuto como máximo).

Te debo confesar que no me sentía atraído por entrar en esa plataforma de contenido, pero fue tal su insistencia, que decidí probar. Subí un vídeo y no vislumbraba el potencial que podía tener.

De alguna forma, mi resistencia era porque la plataforma tenía millones de jóvenes, que no consideraba mi público objetivo. Fue hasta una reunión con los responsables de Tik Tok México que descubrí el tremendo potencial que tenía el sitio.

Entonces comencé a experimentar con él, y lo sigo haciendo hasta este momento en que escribo estas líneas. **La dinámica en Tik Tok es sumamente interesante, porque debes contar historias en pocos segundos, usando vídeos cortos.**

Tienes pocos segundos para compartir historias que atrapen y eso es un excelente reto.

No compartas microvídeos solo en Tik Tok, hazlo en otras redes sociales, para que atrapes de inmediato a tus seguidores. **Cuando creas contenido pensando que solo tienes segundos, dejas lo innecesario fuera y te concentras en lo verdaderamente importante.**

Es un ejercicio de creatividad increíble, que te ayudará a crear contenido de gran calidad.

Y necesitarás una gran creatividad para ser influencer, por eso te recomiendo que uses esta red social, además esta red está en crecimiento, por eso tendrás mayor recepción de tu mensaje.

¿Cómo tener éxito en Tik Tok? Debes aprender cómo funciona su algoritmo, que por cierto, es muy diferente al de otras redes sociales. Lo que he notado es que Tik Tok te proporciona más visibilidad, si:

- Subes a la plataforma un vídeo con pocos segundos de duración.

- Tu vídeo tiene buena iluminación y buen sonido.

- Usas palabras clave apropiadas.

- Utilizas la música que es popular en el momento en que subes tu vídeo.

- Usas las recomendaciones de tendencias.

Aparentemente menos es más en Tik Tok, así que si tienes un vídeo de menos de un minuto, será tomado en cuenta; más que uno de un minuto de duración.

He probado realizando grabaciones directamente desde la plataforma, pero parece que no las toma mucho en cuenta, en cambio los vídeos con edición, tienen más posibilidades de que los muestre a posibles seguidores.

Tik Tok surgió de una plataforma dedicada a la música, y aunque no revelan por qué le dan tanta importancia a la música, muchos suponemos que la usan para posteriormente vender espacios a los artistas. Si usas la música que te está en tendencia, tienes más posibilidades de ser mostrado a más personas.

Tomar en cuenta las tendencias en el momento en que subes tus vídeos es importante. Por eso debes usarlas para tener más visibilidad.

Y como en todas las redes sociales, debes subir tu contenido para compartirlo, evaluar cómo le va y mejorar tus acciones para ir creciendo en la plataforma.

¿Cuáles son los tipos de contenidos que en este momento se están convirtiendo en virales? Estos:

- Belleza.
- Maquillaje.
- Modelos.
- Sensual.
- Parejas.
- Comedia.
- Chistes.
- Bromas.
- Errores.
- Emocional.
- Animales.
- Amor.

- Retos.

- Motivación.

- Viajes.

- Hacks de vida.

- Tips.

- Trucos.

- Cómo hacer.

Tus contenidos deben estar en alguno de estos tipos para tener más posibilidades de éxito en la plataforma.

Tik Tok está en crecimiento y actualmente está ofreciendo bastantes oportunidades a los creadores de contenido, eso la convierte en una excelente opción.

Pero los microvídeos no son exclusivos de Tik Tok, también puedes crearlos para Instagram o Facebook.

La idea es la misma: exponer en pocos segundos tu contenido de valor, así que tienes que preguntarte:

- ¿Qué deseo exponer?

- ¿Cómo exponerlo en menos de un minuto?

- ¿Qué imágenes acompañarán mi mensaje?

- ¿Qué palabras exactas debo usar para conseguir mayor impacto?

Las nuevas generaciones quieren mensajes cortos, por eso debes entrenarte en esta nueva habilidad de crear contenido con pocos segundos de duración.

UTILIZA LA ANALÍTICA A TU FAVOR

No hacer nada está al alcance de cualquiera.

Samuel Johnson

¿No sería genial poder leer la mente de los internautas para saber exactamente qué desean? Así podrías darles eso que desean y tendrías el éxito asegurado. Leer la mente no es posible, pero hay algo que es muy cercano: **las analíticas en Internet**.

Cuando navegas por la red, siempre estás dejando rastro, y la mayoría de sitios está almacenando la información de tu navegación. Esa información nos sirve para tomar las mejores decisiones.

Hace un par de horas, grabé un vídeo sobre uno de los dispositivos que uso. Es un *mouse* que utilizo para la edición multimedia. Ya había realizado un vídeo explicando lo más general de él, pero decidí hacer uno más específico, porque revisando las analíticas de Youtube, me di cuenta que ocupaba el tercer lugar de las búsquedas.

Si las personas están buscando vídeos con esta información, debía hacer uno con más información sobre este *mouse*. No puedo leer la mente de los internautas, pero ellos dejan rastro en mi canal de Youtube, y con esa información, puedo darles lo que desean.

Las analíticas son nuestra mejor herramienta para hacer contenido que aporte valor a las personas. Por eso tienes que tomarlas en cuenta siempre.

Al menos una vez por semana, estoy revisando las estadísticas de todos los sitios que me permiten hacerlo, así puedo entregar el contenido adecuado a la audiencia que aún no me conoce, a mis seguidores y a mis superfans.

Por ejemplo, este día, las estadísticas de Youtube, dicen que los usuarios llegaron a mi canal, por estas palabras clave:

1. Teachable.

2. Cómo ganar dinero transmitiendo en Facebook.

3. Logitech M570.

Por supuesto son más, pero solo usaré estas tres para el ejemplo.

Conociendo esto, puedo grabar vídeos con esa temática. También podría escribir entradas a mi blog con esos temas o grabar un podcast sobre ellos. Lo podría hacer porque Youtube es la plataforma número uno en búsquedas, así que es muy probable que tenga éxito en otros lugares creando contenido relacionado.

El vídeo de este día fue sobre el *mouse* Logitech M570 y estaré pendiente de las estadísticas en los días que siguen, porque podrían aportarme más información sobre ese dispositivo, incluso podrían darme una idea para crear un vídeo con información específica para ese *mouse*.

Posiblemente las personas estén buscando información sobre él porque desean comprarlo, entonces podría hacer al menos tres vídeos más, respondiendo:

1. Dónde comprarlo.

2. Qué tienda que tiene el mejor precio.

3. Dónde ofrecen 12 meses sin intereses para adquirirlo.

Y si descubro que están buscando información sobre ese *mouse* para compararlo con un dispositivo similar, podría crear contenido sobre ese tema.

Además de las estadísticas de Youtube, utilizo herramientas externas. Ya te he compartido una de ellas: Vidlq. Con Vidlq puedo darme cuenta qué otras palabras clave están buscando, para utilizarlas en mi título, en la descripción y en las tags.

Para el mouse, encontré que las personas buscan estas palabras relacionadas:

- M570 Logitech.

- Trackball M570.

- Logitech trackball M570.

Al saberlo, las utilicé para que más personas encuentren mi vídeo. También, con ellas, puedo seguir creando más contenido en el futuro.

La herramienta me proporciona información importante. Datos como:

- Cuántos creadores de contenido tienen vídeos sobre el tema.

- Cuántas personas buscan vídeos de ese tema.

Con esa información, me doy cuenta si vale la pena hacer contenido de ese tema. Si hay pocas personas buscando y muchos creadores haciendo vídeos, no hago nada. Pero

si hay pocos creadores y muchas personas, creo varios vídeos sobre el tema.

En el caso del *mouse*, hay muchas personas buscando vídeos de él y pocos creadores produciendo vídeos, por eso tengo más posibilidades de que vean mis vídeos (e influir en las personas).

Información es poder y lo vas a comprobar cuando utilices la analítica a tu favor.

Gracias a los datos encontrados en las estadísticas, puedes crear mucho contenido que le va agradar a tu audiencia y hará crecer tu canal de vídeos.

Gracias a toda la información que he encontrado en las estadísticas de las plataformas conseguí tener comunidades de más 160,000 seguidores en Facebook. Ahora voy por más seguidores en otras plataformas.

Y gracias a las estadísticas, conseguí mi primer gran éxito como influencer. La campaña exitosa de la app, fue gracias a observar las estadísticas, para mejorar las palabras clave y crear contenido que hiciera que más personas la descargaran.

Los internautas están dejando rastros, nos toca a nosotros descifrarlos. Esa es nuestra manera de leer la mente de los demás.

Debes usar las estadísticas de todos los sitios que te permitan acceder a ellas, así sabrás exactamente qué hacer, cómo atraer a más seguidores y qué producto ofrecerles.

Las estadísticas también son útiles cuando una marca se acerca a ti para que la promociones.

Imagina que una marca de Perú se me acercara para que le hiciera promoción, entonces iría a mis estadísticas a revisar si tengo muchos seguidores de ese país. Si después de investigar un poco, determino que si existen los suficientes para llevar una campaña con éxito, aceptaría la propuesta. Si no tuviera los seguidores suficientes, se lo diría a la marca.

Por cierto, cuando programo mis cursos o conferencias en vivo realizo algo semejante: investigo en qué ciudades tengo más seguidores, para comenzar la promoción en esos lugares. Hago algo parecido con los temas que abordaré, es decir, me doy cuenta qué temática prefieren y sobre ella me enfoco.

Conoce a tus seguidores y tendrás el éxito asegurado, si no los conoces, vas a fracasar.

COMPARTE HISTORIAS

No trates de ser original, solo trata de ser bueno.

Paul Rand

Cuenta la leyenda que los influencers estábamos destinados a aparecer cuando Internet llegó a nuestras vidas. ¿Te diste cuenta? Cuando utilicé la frase *"cuenta la leyenda..."* tu cerebro se preparó a leer una historia. Así funciona el poder de las historias.

Desde hace muchos, muchos años, el ser humano comparte historias. Posiblemente los primeros influencers fueron aquellos cazadores que, sentados alrededor del fuego, compartían las historias de caza con sus contemporáneos.

Estas historias le hay ayudado a aprender, a mejorar su estado de ánimo y a compartir su conocimiento con otros. Por eso seguimos compartiendo historias de todo tipo.

Y tú, como influencer, debes convertirte en un experto compartiendo historias. **Porque por medio de las historias, podrás influir más a tus seguidores**. Con ellas vas a conectar con tu público.

Todo aquello que compartas, debe tener un formato de historia, porque las historias atrapan, enseñan e influyen.

No es necesario comenzar con *"había una vez"* para iniciar, **solo debes comenzar con algo que interese a tu lector o escucha**.

Si está buscando cómo mejorar su salud, comienza una historia relatando cómo José consiguió eliminar esos kilos de más cuando descubrió el sistema X, que es muy sencillo de usar, por cualquier persona. Muéstrale cómo tu lector o escucha puede beneficiarse de ese sistema. Hazlo con el formato de historia.

Tu trama de la historia, debe incluir alguno de estos tópicos:

- La búsqueda del héroe. El protagonista de la historia está en una búsqueda que lo hará una mejor persona.

- Los mitos de los orígenes. El protagonista no sabe de dónde viene ni cuáles son sus orígenes, hasta que los descubre.

- Las historias de transformación. El protagonista ha cambiado, a partir de algún suceso.

- Los mitos de la caída y la redención. El protagonista tuvo una caída, pero consiguió levantarse después de aprender.

- El mito de la encrucijada. El protagonista tiene que decidir entre dos o más opciones.

Si te das cuenta, toda historia usa alguno de estos. Tú debes usarlos también para darle fuerza a tu relato.

Estos tópicos tienen ese poder de atrapar a tu audiencia, porque todos en nuestro inconsciente, poseemos esas figuras, por eso nos sentimos identificados con ellas.

Eso es lo que buscas al compartir historias: **que las personas a las que compartes tu mensaje se sientan identificadas con él**. Por eso debes usar estos tópicos.

Estas historias las compartimos en los diferentes difusores:

- Vídeos.
- Artículos.
- Entradas de blog.
- Podcasts.
- Texto que acompaña a las imágenes.

Y en cualquier tipo de difusor.

Yo produzco vídeos cortos con artículos de mis blogs o extractos de mis manuscritos con la herramienta que te compartí anteriormente, la de InVideo, les llamo videoartículos. Esa herramienta me permite crear rápidamente vídeos a partir de un guión, solo edito, coloco imágenes y listo, tengo vídeos cortos con texto que fascinan a mis seguidores.

Esos vídeos los coloco en Youtube, y comparto microvídeos en otras plataformas, que también construyo con esa herramienta.

En todas las historias, debes procurar incluir una moraleja, es decir, una enseñanza para tu audiencia. Por eso en las historias usamos metáforas, para que esa enseñanza sea entendida de forma inconsciente.

La tortuga que ganó la carrera a la liebre es una historia con una metáfora, ya que sin que te lo digan expresamente, sabes que no debes confiarte ante un rival lento, porque su lentitud puede ser superada por la constancia.

Una metáfora es poderosa y se queda en la mente del lector, escucha o aquel que ve tu vídeo, por eso debes incluirlas en tus historias.

Crea historias con ella, serán poderosas y atraerán a más seguidores. También puedes aprovechar las historias compartidas encontradas por ahí, para que, a partir de ellas, elabores contenido de valor para tus seguidores.

Hace unos meses, encontré una nota periodística sobre un dominicano que se ganó la lotería en Estados Unidos, pero al parecer, la mala suerte había acompañado la fortuna de ganarla.

A partir de esa historia de los medios de comunicación, elaboré un vídeo, donde explicaba el porqué de esa mala suerte. Hasta el momento ha sido uno de los vídeos más vistos de mi canal.

Contar historias a partir de otra, es una buena herramienta para seguir creando contenido útil para tu audiencia.

En otra ocasión, me encontré una publicación de Facebook en la que el usuario que la posteó, buscaba pelea. Aunque no estoy de acuerdo con ese tipo de publicaciones, ella me ayudó a crear contenido.

El usuario aseguraba que los mayores de 30 años eran inseguros a la hora de montar un negocio y no debían opinar en las redes porque hacían dudar a los jóvenes.

En la publicación la discusión ya había pasado al enojo de los dos grupos de personas: los jóvenes y los mayores. En mi vídeo, invitaba a analizar antes de actuar a los jóvenes, porque su edad les hacía tomar más riesgos sin analizarlos antes, y a los mayores, los incitaba a emprender, pues su energía estaba más concentrada, y podían hacer uso de ella en áreas como el emprendimiento.

Mi vídeo fue bien recibido, porque aportaba algo, fundamentado en ejemplos para fortalecer mi narrativa. No era simplemente discutir, sino contar historias para que se sintieran identificados y tomaran acción desde su edad.

ESCRIBE EN TU BLOG

*Obtén la confianza del público y no tendrás
ninguna dificultad en obtener su patrocinio.*

Harry Gordon Selfridge

Los blogs son un excelente lugar para compartir tus ideas. Puedes escribir en ellos, además puedes compartir tus vídeos, imágenes y publicaciones en tus redes sociales.

Muchos suponen que el blog ha muerto, pero no es así, sigue vigente y si lo utilizas como te he recomendado en otros libros y cursos, tendrás un gran éxito.

Al blog lo debes usar como tu cuartel general. Debes enviar a tus seguidores al blog, para que de ahí vayan a tus redes sociales, conozcan tus vídeos y te sigan en las redes sociales.

En tu blog tienes que compartir contenido de valor en texto, pero también puedes combinar con otro tipo de contenido, tal como ya te mencioné.

¿Qué compartir en tu blog? Puedes compartir:

- Lo que sabes y que puede ayudar a otros.
- Consejos.
- Respuestas a las preguntas comunes de tus seguidores.
- Listados de los mejores recursos que reco-miendas a tus seguidores.

- Resúmenes de conferencias, cursos o libros a las que hayas asistido o leído.

- Comparte tu opinión sobre un tema.

- Transcribe o resume una entrevista que te hayan realizado.

- Comparte un estudio de caso de uno de tus clientes usando lo que has recomendado.

- Entrevistas a personalidades.

En tu blog comparte contenido de valor, que tus seguidores deseen y no duden en compartir. Como puedes darte cuenta, esa herramienta de comunicación es un gran aliado para tu labor como influencer.

Los grandes influencers tienen un blog, porque los ayuda a llegar hasta sus seguidores de forma sencilla y rápida.

Ayuda a tus lectores a resolver sus problemas a través de tu contenido, que puede ser específicamente de estos tipos:

- Listados. Siempre útiles para captar el interés y organizar la estructura de las ideas.

- Consejos. Lo que más buscan las personas en Internet; úsalo para que más personas te conozcan.

- Recopilación de un tema específico. Haz el Mejor contenido posible, el más completo, el que aporte más valor a tu audiencia.

- Noticias, actualidad y novedades. El único inconveniente es que suele ser un contenido que tiene un tiempo de caducidad corto y que en poco tiempo puede quedar desactualizado.

- Lista de verificación. Con este tipo de contenido, informas, enumeras y desarrollas los pasos para obtener o conseguir un objetivo o desarrollar una tarea.

- Cómo hacer algo. En este explicas las estrategias o métodos para conseguir algo.

- Definición de un término o concepto. Abundas más en los conceptos que ya conocen tus seguidores.

- Comparar dos cosas. Para explicar diferencias y cualidades en dos cosas.

- Recursos gratuitos. Muestra dónde pueden conseguir tus seguidores varios recursos gratuitos.

- Tu opinión sobre algo. Tus seguidores agradecerán tu opinión sincera sobre un nuevo producto, servicio, red social o herramienta.

Estas publicaciones te sirven para crear cualquier tipo de contenido, no solo para el blog. **Podrías usarlos para crear tus vídeos o tu podcast**. El contenido es el rey de Internet y tú debes dárselo a tus seguidores para cubrir sus necesidades.

Tanto en tu blog como en todos las plataformas que te permiten llegar a tu cliente final, debes centrarte en las necesidades de tus seguidores.

En tu blog, no escribas para ti, escribe para tus seguidores.

No escribas de forma impersonal, dirígete a tus lectores como si fueran uno de tus grandes amigos. Escribe siempre como si le hablaras a un ser humano. Si, sé que esto se lee absurdo, pero te sorprendería la cantidad de blogs que todo parecería indicar que le escriben a máquinas y no a humanos.

Los humanos necesitan que te dirijas a ellos, de forma amable y directa. No les interesa el *"dense cuenta"*, te harán más caso cuando escribas *"date cuenta"*, es decir, si te diriges cordialmente a una persona, ella responderá, pero si te diriges a todos, nadie te hará caso.

También recuerda que debes escribir sobre los beneficios, no sobre las características.

Dirígete a tu lector como si fuera tu mejor amigo y:

- Usa sentencias cortas y simples.
- Usa palabras simples.
- Hazle preguntas.
- Relájalo con tu escritura.
- Hazlo sentir confortable.

Escribe para mover sus emociones y cuando lo hagas, conseguirás su apoyo. **Primero la emoción, después la racionalización**.

No ignores las emociones de tus clientes, despiértalas con tus textos, vídeos, grabaciones en audio e imágenes. Primero despierta sus emociones, después dirígete a su razón.

Somos seres emocionales y debes aprovecharlo. Busca despertar las emociones de tus seguidores y tendrás resultados. Por supuesto ayudarlos con sus necesidades va de la mano con despertar sus emociones.

Los estás ayudando a conseguir sus sueños y a cubrir sus necesidades, para esto, necesitas su atención, y la conseguirás despertando sus emociones. **Primero consigue su**

atención, después su interés, entonces despierta su deseo y al último llámalo a la acción.

No estás buscando su ruina, estás buscando ayudarlos, por eso te recomiendo esto.

Con los difusores, ya sea un vídeo, una entrada en tu blog o cualquiera de los otros, tienes que seguir este camino:

1. Identifica un problema.

2. Busca o desarrolla una solución genuina y auténtica a través de un producto innovador y diferente.

3. Encuentra una manera de compartir la solución.

No busques o desarrolles soluciones para impresionar expertos, ellos no serán tus clientes, **busca ayudar a las personas con las entradas de tu blog.**

¿Recuerdas lo que te compartía anteriormente? Te hacía partícipe de una de mis estrategias para crear contenido que atrape a tu audiencia, y se trata de responder estar preguntas con tu contenido:

1. ¿Por qué?

2. ¿Qué?

3. ¿Cómo?

4. ¿Qué pasaría si?

Comienza la entrada de tu blog respondiendo el *porqué* debe conocer eso que estás compartiendo, sigue explicando tu punto de vista (el *qué*), comparte *cómo* lo puede conseguir y termina mostrándole *qué pasaría si* aplicara eso que le has mostrado.

No olvides ninguno de estos puntos, pues son muy importantes para atrapar la atención de tus seguidores.

Tampoco debes olvidar los tres puntos clave que ya te expuse en capítulos anteriores:

1. Un producto.

2. Un difusor.

3. Un lugar adecuado.

El blog es el lugar adecuado para exponer lo que haces y la entrada de tu blog es tu difusor de tu producto. Con tu blog puedes tener más impacto porque te permite colocar una gran cantidad de difusores:

- Entradas solo de texto.
- Entradas con vídeos.
- Entradas con imágenes.
- Entradas con audio.
- Entradas con publicaciones de tus redes sociales.

El blog te permite colocar infinidad de difusores, que llevarán tu mensaje a más y más personas. Por eso sigue siendo actual y debes tomarlo en cuenta para llegar a tu audiencia.

CREA EL BLOG ADECUADO

Hay gente menos calificada que tú, haciendo cosas que tú quieres hacer, simplemente porque ellos decidieron creer en sí mismas.

Daniel Ally

Desde que tuve mi primer blog, supe que este era la mejor opción para conectar con mi audiencia, por eso siempre mi blog ha sido el "cuartel general" para mis operaciones en Internet. Por eso no dudo en seguirte recomendando tener tu propio blog.

Tener un blog es el mejor sitio para que hospedes a tus difusores, porque:

- Te proporciona visibilidad frente a tu posible competencia.

- Permite amplificar tus difusores.

- Te permite conectar con otros difusores y con otros lugares adecuados (sean plataformas, redes sociales, etc.).

El blog es el lugar adecuado para proveer a tu audiencia de tu contenido, pero pasará desapercibido si no lo optimizas para los buscadores. Debes hacerlo amigable para que ellos lo encuentren.

Ya te he mencionado anteriormente de los algoritmos, ellos funcionan también en los buscadores, por eso tienes que crear un blog que tenga lo necesario para que los buscadores lo encuentren.

¿Cuál es el primer paso para crear un blog que sea ese "cuartel general" donde se consiga el éxito como influencer? El primer paso es escoger el lugar donde colocarás tu contenido.

Hay muchas plataformas y herramientas para crear tu blog. En serio, hay muchas. Las hay de pago y también gratuitas, algunas que muchos utilizan y otras que son solo para expertos en programación web.

He usado muchas, y de todas ellas, seguiría utilizando las plataformas y herramientas que tienen su base en el código libre. Ellas me parecen más estables y más confiables, porque hay una comunidad entusiasta detrás de ellos.

Esa comunidad siempre está pendiente de mejorar la herramienta o plataforma, porque es su creación, es el bebé que depende de ellos para crecer fuerte y sano.

Si no me crees, debes visitar algún foro de creadores con código libre, te darás cuenta que me he quedado corto con esta afirmación.

Una herramienta que puedo recomendarte en este momento sin dudar, es Wordpress (WP). Existen dos versiones de ella:

1. La que encuentras en wordpress.com.

2. La que encuentras en wordpress.org.

La primera te ofrece crear un blog de forma gratuita, pero te cobrará algunas funciones que son necesarias para el correcto funcionamiento de tu sitio. La segunda te ofrece la herramienta principal gratis, pero necesitas un hospedaje para instalarla.

Yo uso la segunda y te recomendaría hacer lo mismo. La razón es simple: **vas a crecer y en algún momento necesitarás tener el control total de tu blog**.

Para hospedar el blog hay muchas opciones, algunas muy económicas, otras te permiten comenzar con algo económico y conforme vas necesitando más capacidad, van incrementando sus costos, sin ser tan altos como parecería.

Elige algún hospedaje que te ofrezca el espacio para hospedar los archivos que te proporciona wordpress.org y además te proporcione una dirección web. Si te ofrece una herramienta que instale los archivos de forma automática, será mejor.

Por si nunca has escuchado sobre esto, te explico un poco más sobre el hospedaje y la dirección web.

Mi dirección web (también llamada dirección de Internet) es sintrabajar.com

Significa que si tecleas esa dirección en el espacio de direcciones de tu navegador de Internet, te dirigirá ahí.

Esa dirección debe tener un espacio de almacenamiento, para que se instalen los archivos del blog. Ese espacio se le llama hospedaje o alojamiento.

Es como una casa, en la que tienes todos los muebles y demás pertenencias, es decir, tu casa almacena tus cosas, pero si quieres que alguien te visite, necesitas darle una dirección.

Si quieres visitar mi blog, mi dirección es sintrabajar.com donde encontrarás mi contenido, que es alojado en el hospedaje web.

Y como hay millones de direcciones web, necesitas hacerle fácil a los buscadores que te encuentren.

Te voy a compartir algunas recomendaciones para que te encuentren más rápido. Estas recomendaciones las haré con el supuesto de que utilizas Wordpress, aunque pueden utilizarse aunque utilices otra herramienta o plataforma para blog.

Lo primero que tienes que hacer, es seguir mi recomendación de que menos es más.

Tu dirección debe ser lo más sencilla y corta posible. Un nombre largo y complicado, no le gusta a los buscadores ni a las personas.

El diseño de tu blog también debe seguir los principios de la simplicidad:

- Elige un tema simple, sin muchas imágenes o colores. Es muy probable que lean tu blog en un smartphone y lo hagan con su conexión móvil, por eso tienes que crear un blog limpio y rápido para navegar.

- No escribas entradas muy largas. Las personas no tienen mucho tiempo, por eso tienes que hacerlo simple.

- Inserta vídeos de Youtube u otras plataformas y nunca los hospedes en tu blog. Si lo haces de esta forma, tu sitio cargará más rápido y también le das la opción a tu audiencia de ver el vídeo posteriormente, cuando tiene una conexión de Internet más estable.

Entre más sencillo sea tu blog, más posibilidades tienes de que lo visiten. Te lo aseguro.

El blog en Wordpress utiliza plugins, que son herramientas que sirven para agregarle funciones. Debes elegir solo las necesarias. Si tienes plugins de más, tu sitio se volverá muy lento.

Por ejemplo, yo tengo plugins para:

- Mostrar entradas anteriores del blog.
- Crear índices dentro de mis entradas.
- Agregar comentarios en las publicaciones.
- Invitarlos a suscribirse a mi lista de correos.
- Mejorar mi posición en los buscadores.
- Crear algunas automatizaciones.

Los plugins deben hacer tu trabajo más sencillo y no hacer más complicada la navegación en tu sitio.

Una excelente forma para colocar solo los mejores plugins consiste en investigar sobre los plugins que han instalado otros creadores de contenido y usarlos si realmente los necesitas. Es sencillo, busca un creador de contenido al cual imitar, date cuenta qué plugins utiliza y haz lo mismo. **De esta forma tendrás los mejores plugins y no perderá tanto tiempo buscándolos**.

La parte más importante del blog es el contenido. Que también debe ser simple.

El contenido debe ser interesante, también, debes permitirle a los buscadores indexarlo a ellos. Eso lo consigues con estas recomendaciones:

- Usa palabras clave en los títulos y el contenido.
- Procura colocar en la dirección todo el título de tu entrada.
- Invita a tus lectores a compartir tu contenido.

- Utiliza plugins para mejorar la posición en los buscadores.

- Comparte la dirección de tus entradas en las distintas redes sociales.

El contenido es el eje de tus estrategias, por eso debes hacérselo más sencillo a los buscadores. Si les proporcionas simplicidad y los datos que ellos buscan, más personas te visitarán.

Crea contenido pensando siempre en las necesidades de tus seguidores, así les estarás entregando exactamente lo que ellos buscan. **No elabores contenido para ti, elabóralo para las necesidades de tu audiencia**.

Solo si cubres sus necesidades, tendrás éxito.

USA EL EMAIL MARKETING

Todo se resume en una sentencia muy sencilla: existen buenas y malas maneras de hacer las cosas. Puedes practicar el tiro ocho horas diarias, pero si la técnica es errónea, solo te convertirás en un individuo que es bueno para tirar mal.

Michael Jordan

El objetivo de todo influencer es tener muchos seguidores, darles contenido de calidad constantemente y encontrar más plataformas para distribuir su contenido.

Las redes sociales son un gran distribuidor de contenido, pero no es el único, debes crear otras vías de comunicación.

Una gran herramienta es la lista de correos.

Esta tiene el correo de tus seguidores y su nombre, para que estés en contacto constantemente con ellos. La lista te ahorra tiempo, porque no estarás enviando un correo a la vez, sino enviarás una sola vez un mensaje a todos los inscritos en la lista.

Posiblemente la lista de correos sea la herramienta de Internet más ignorada y eso es desafortunado, ya que nos ahorra tiempo, dinero y esfuerzo.

Una lista es la mejor forma para estar en contacto con tus seguidores y superfans, por eso tienes que tener una o varias.

La lista de correos te permite:

- Una comunicación más personal con tus seguidores.
- Tener más control de tus seguidores.
- Darte cuenta de la efectividad de aquello que haces.
- Promocionar productos o servicios.
- Compartir tu contenido.

En ella, vas a tener los correos de las personas interesadas en lo que haces, para que regularmente les envíes información y estés en contacto con ellos.

Hay muchas herramientas para que tengas esos correos almacenados y le envíes información a tu lista. En estos momentos estoy usando una llamada Mailrelay (www.mailrelay.com), ella tiene una opción gratuita para comenzar y no tiene costos altos.

En la mayoría de ellas puedes crear un formulario personalizado, que insertas en tu blog o página web, para que tus visitantes se unan a tu lista de correos. También, te proporcionan páginas personalizadas para que envíes posibles suscriptores desde tus redes sociales.

Para hacer crecer tu lista, debes invitar a todos tus seguidores a unirse a ella. Podrías ofrecer un vídeo exclusivo, un libro virtual o algún otro regalo a cambio de su correo electrónico.

Esta es la forma más simple para crear una lista de correos.

Por ejemplo, podrías crear una videoconferencia exclusiva, que no esté disponible en otro lugar. Las personas interesadas solo podrían conseguirla si se registran en tu lista.

Como la mayoría de plataformas para crear tu lista tienen la opción de automatizar los procesos, podrías programar un envío del correo a los pocos minutos de haberse registrado. El usuario se registra y unos minutos después recibirá un correo, indicándole que puede descargar tu contenido exclusivo.

Lo que yo hago en algunas de mis listas, es ofrecerles una serie de correos con información valiosa, así se les envían cuatro o cinco correos cada dos días con información exclusiva.

En el primer correo les envío una bienvenida, acompañada de información valiosa. El segundo es la continuación de esa información, así con los demás hasta completar el contenido prometido.

¿Recuerdas las cuatro preguntas para crear contenido? También los puedes usar en la entrega de contenido:

- ¿Para qué? Compartes con ellos los objetivos generales del contenido. Este debe ser el primer correo enviado.

- ¿Qué? Este será el segundo correo enviado. En él compartes lo esencial del contenido.

- ¿Cómo? Será el tercer correo. Le muestras lo que tiene que hacer y cómo hacerlo.

- ¿Qué pasaría si? El cuarto correo, donde le enseñas qué otro uso tendría el contenido compartido.

Como puedes darte cuenta, también **en tu lista de correo estás entregando contenido de valor**.

Algo que me ha funcionado a mí y te debe servir a ti, es compartir en mi lista de correo los vídeos que subo en el canal.

Muchas plataformas te permiten automatizar esto. Así, cuando tú publicas un vídeo, se envía automáticamente a tus seguidores la invitación a verlo. Lo puedes hacer también con tus entradas del blog.

Cada que tengas algo que compartir con tus seguidores, hazlo mediante la lista de correos.

Por lo anterior, es importante que hagas crecer tu lista de correos.

Siempre y en todo lugar, debes estar recomendando a tus seguidores unirse a tu lista, es la mejor forma de que ella crezca, y con esto, tus oportunidades para vender directa o indirectamente.

Ya con su correo, puedes enviarle información de valor de forma regular e invitarlos a realizar una acción específica cuando sea necesario.

Ten en cuenta que la interacción es la herramienta más poderosa para conseguir lo que quieras, y gracias a la lista de correo, conseguirás una interacción ideal con tus seguidores.

Esto se consigue gracias a que estarás en contacto constantemente con tu audiencia, y con ello, se sentirán parte de tu comunidad.

La interacción es la clave y la consigues con tu lista de correo. Te lo digo por experiencia, ya que la he utilizado desde que comencé mis negocios en Internet.

Una lista de correos nunca debe faltarle al creador de contenido. Y tú debes ser un creador de contenido.

ENCUENTRA UNA EMPRESA INTERMEDIARIA

El cazador que persigue a un elefante no se detiene para tirar piedras a los pájaros.

Proverbio Africano

Para ganar dinero como influencer, necesitas encontrar productos, servicios o marcas para promocionar. Muchas veces, son las marcas las que te contactan, en otras, tú tienes que buscarlas.

En mi caso, no busco a quién promocionar, porque esa actividad me quita tiempo y esfuerzo. Realmente **no es mi principal fortaleza y por eso no le dedico tiempo a ella**.

Prefiero que sean las empresas o marcas las que lleguen a mí y me ofrezcan un trato. Después de su ofrecimiento, dialogo con ellos y llegamos a un buen acuerdo para las partes.

No me gusta buscar, por eso prefiero que las empresas lleguen a mí.

Otra forma de conseguir qué recomendar, consiste en unirnos con empresas que son intermediarias entre influencers y marcas. **Estas empresas buscan qué productos y servicios promocionar, y convencen a influencers para promocionarlas.**

Existen diferentes empresas intermediarias, que te ayudan a conseguir más campañas, a cambio de ese servicio, ellos se quedan con un porcentaje de lo que tú ganas.

Muchos odian dejar un porcentaje de sus ganancias, pero no se dan cuenta que a cambio, obtienen varios beneficios, que no conseguirían por su cuenta.

A veces esas empresas no te cobran a ti nada, sino a las marcas a las que representas. En estos casos, el dinero que ganas, lo recibes íntegro.

Ya sea que te cobren a ti una comisión o se la cobren a las marcas, te recomiendo que busques una empresa intermediaria para que te consiga campañas. **Así ganarás dinero como influencer**.

¿Por qué te recomiendo buscar una empresa intermediaria? Porque ella:

- Te consigue campañas.
- Te apoya si tuvieras problemas con una empresa que recomiendas.

A la empresa intermediaria le conviene que tengas campañas, porque ella ganará dinero con ellas. Por eso tratará de conseguirte la mayor cantidad de campañas, para que ellos ganen más dinero.

Y te apoyará si tienes problemas con la empresa que recomiendas. **Créeme, esto es muy útil**.

A nadie le conviene tener problemas con una empresa que recomienda, pero esto pasa. Solo me ha sucedido una vez, y la empresa intermediaria estuvo siempre al pendiente, hasta que conseguí mi paga completa.

No me gusta compartir mis problemas, pero creo que te ayudará esto que aprendí con esa penosa situación.

Sucede que estaba a la mitad de una campaña y la marca me dejó de pagar. Traté de comunicarme con ellos, pero era inútil, la marca no me atendía. El dinero que me debían, se iba acumulando, llegando a ser una suma considerable.

Después de más o menos dos meses, contacté con la empresa intermediaria, ellos comenzaron una negociación y yo obtuve mi pago.

Por cierto, esa empresa intermediaria ya había obtenido su comisión, así que podía haberme dejado sin la mía, pero no fue así, tuve su apoyo hasta el final.

Conocí a otro influencer, que recomendó la marca que no me quería pagar y también tenía una situación similar, solo que él no tenía una empresa intermediaria porque los había contactado directamente. Hasta la fecha este influencer no ha conseguido su pago.

Por eso te recomiendo que consigas una empresa intermediaria.

Estoy dado de alta en varias empresas intermediarias, una de ellas es BrandMe (https://brandme.la). Esta empresa me ha proporcionado bastantes ganancias en mi reciente profesión de influencer.

Las marcas acuden a esta empresa para patrocinar a influencers, y ella te apoya en todo momento, ofreciéndote campañas que son adecuadas para tu perfil de influencer.

Sin dudarlo te recomendaría darte de alta en ella, porque es una de las mejores opciones en la actualidad.

¿Cómo darte de alta en una empresa intermediaria? El proceso es muy sencillo y en la mayoría es similar:

- Regístrate con tu nombre, correo electrónico y teléfono móvil.
- Conecta tus redes sociales con la aplicación de la empresa.
- Configura lo que te solicitan.

Muchas empresas no te exigen tener miles de seguidores para proporcionarte campañas, por lo que podrías inscribirte en ellas aunque estés comenzando como influencer.

¿A qué empresas puedes darte de alta? Todo depende de cuál sea tu residencia y tus objetivos, pero para que tengas una idea, yo estoy dado de alta en estas empresas:

- VoxFeed (voxfeed.com)
- Twync (https://twync.es)
- Coobis (https://coobis.com)

Estoy dado de alta en otras empresas, pero aún no he tenido ganancias suficientes para recomendarlas, por eso no las incluyo.

Debes tener en cuenta que las empresas intermediarias no tienen colaboraciones con todas las marcas, así que en algunos casos, tendrás que buscar a quién representar.

Pero no te preocupes, muchas marcas te ofrecen la opción de que seas su afiliado y la puedes encontrar en su sitio web.

Lo que yo hago, es que cuando utilizo algo que me agrada, voy a su página en Internet para ver si tiene la opción de que sea su afiliado. Si la tiene, me uno a su programa de afiliados, para promoverla.

Por ejemplo, estoy muy contento con el editor de vídeo que utilizo. Creo que es muy sencillo de usar y su precio es adecuado, entre muchas otras ventajas. Después de más o menos tres meses de utilizarlo, fui a su sitio en Internet, para ver si podía ganar dinero recomendándolo.

Ellos tienen un programa de afiliados, así que me uní a él, y ahora recomiendo su producto con mis seguidores. Me gusta el software y lo recomiendo sin dudar, y cuando hay una venta, yo recibo una comisión por ello.

Son muchas las marcas y empresas que tienen la opción para que te conviertas en su promotor, solo es cuestión de buscar las diversas opciones.

Para que tengas éxito con las empresas intermediarias o con las independientes, te voy a recomendar algo que me ha funcionado y sé que te funcionará también a ti.

Toda empresa o marca te solicitará que tengas al menos 3,000 seguidores en tus redes sociales, y tú no debes solicitar tu alta antes de tener al menos un millar de seguidores para que te hagan caso, por eso, debes trabajar previamente.

Algo que yo hago, es crear un grupo en Facebook, con una temática de las que domino. Comienzo a darle promoción entre mis seguidores y comienza a crecer.

No solo lo hago con un grupo, sino a veces estoy haciendo crecer dos a la vez.

Por ejemplo, en este momento estoy con dos grupos en Facebook, uno sobre ideas para ganar dinero en Internet, y el otro de instructores de la plataforma de cursos Udemy.

El primero ya tiene más de 10,000 seguidores, el segundo va por los 1,500. Aunque aún no tengo alguna campaña relacionada con estos dos grupos, yo los hago crecer para que cuando la tenga, todo me sea más sencillo.

Primero haces crecer tu comunidad, después buscas cómo monetizarla. Eso es lo que te estoy proponiendo.

En instagram estoy haciendo crecer una comunidad amante de los años ochenta, y deseo comenzar una comunidad que recuerde los noventa. Mi objetivo es tener diversas comunidades, para monetizarlas en el futuro.

También debes hacer lo mismo.

CUÍDATE DE LAS ESTAFAS

En todos los asuntos es muy saludable poner, de vez en cuando, un signo de interrogación en aquello que siempre hemos dado por sentado.

Bertrand Rusell

Cuando comienzas a tener éxito, muchos voltean a verte. Y varios intentarán aprovecharse de lo que has construido, por eso debes tener cuidado.

Desde los supuestos amigos que quieren que les promociones su "oportunidad" de negocio única, hasta los desconocidos que intentan estafarte. Por eso debes tener mucho cuidado.

Desafortunadamente muchas personas intentarán estafarte, por eso debes estar pendiente en todo momento. Voy a compartirte un fraude muy común, para que tengas cuidado cuando aparezca.

Hace tiempo me contactó una mujer, argumentando que era la encargada de buscar influencers para una revista muy importante en Estados Unidos. Esa revista estaba expandiéndose hacia los mercados latinos y buscaba influencers para darse a conocer.

Ellos me ofrecían 300 dólares por mes, a cambio de publicar dos veces al día en una de mis páginas de Facebook. Ellos publicarían y simplemente debía unirme como parte de su equipo a una herramienta dentro de Facebook.

Como no me pedían darles permisos especiales como administradores, no supuse ningún riesgo, ya que no tendrían posibilidad de quitarme esa página (que era lo peor que podía pasar).

Todo parecía correcto y después de investigar un poco su perfil dentro de la red social, decidí unirme a su equipo.

Un par de minutos después, intenté entrar a mi página en Facebook y ya no podía hacerlo, ellos me habían eliminado como administrador y ya no tenía control sobre esa Fanpage.

Como tengo dado de alta otro perfil como administrador, entré rápidamente y los eliminé a ellos como administradores y volví a dar de alta mi perfil principal.

Después me enteré que esa herramienta de Facebook tiene un gran problema de seguridad, que permite eliminar desde ahí a los administradores de las páginas.

Aunque soy muy precavido, ellos usaron ese error en la herramienta de la red social para aprovecharse de mí y quitarme la página por unos minutos.

Actué rápido y solo fueron unos minutos, pero conozco personas que han perdido para siempre sus páginas en Facebook por ese error de la plataforma.

Estafas como esta, suceden todos los días, por eso debes tener cuidado y desconfiar de todo. Siempre investiga antes de dar un paso.

Mi error fue no investigar mucho más sobre esa herramienta de Facebook, así me hubiera enterado que ya había algunos casos de estafa.

Por desgracia, esa red social sigue con ese error y muchos siguen cayendo.

Siempre debes investigar en foros, vídeos y en cualquier lugar especializado. Otra opción es unirte solo a las empresas intermediarias entre influencers y marcas reconocidas para promocionarlas, así será más seguro.

No intento asustarte, pero sí quiero que tengas mucho cuidado en Internet.

Otra estafa escondida, consiste en animarte a recomendar empresas que ofrecen ganar dinero por ver publicidad.

Estas supuestas empresas te pagan por ver publicidad en sus sitios y te animan a ganar cientos de dólares recomendando su servicio a todos tus seguidores.

Aunque sí existen empresas que le pagan a los usuarios por ver publicidad, muchas los estafan al hacerlos trabajar para ellos en aplicaciones fraudulentas.

Te comparto más para que evites caer en esas estafas.

Existen empresas que te ofrecen dinero por cada persona que invites a unirse a ellos. Una de las tareas que deberán hacer los que se unen, es ver publicidad. Pagan unos centavos de dólar por esto, pero te prometen ganar 50 dólares solo por descargar una aplicación y aparentemente hacer pruebas con ella.

Esa aplicación usará tus datos para navegar y hacer varias operaciones matemáticas, extrayendo criptomonedas. Es decir, usará tu hardware, software y conexión a Internet para extraer criptomonedas que se irán a las billeteras virtuales de los estafadores.

Como se anima a las personas a recomendar estos servicios, son miles y miles de personas que son estafadas a diario, al usar sus recursos.

Por supuesto tú nunca verás ganancias, porque te piden que reúnas al menos 500 dólares para poder retirar tu dinero. Aunque los consigas, te pondrán muchas excusas para no darte ese dinero. Entonces te desesperarás y ya no reclamarás el dinero (que no te pagarían de cualquier forma).

Hay muchas estafas de este tipo, así que debes tener mucho cuidado con ellas.

Ten en cuenta que entre más vayas avanzando como influencer, las malas personas intentarán estafarte, así que debes tener mucho cuidado con ellas.

Estafas de todo tipo aparecerán, desde casos como el que te compartí, hasta personas con pocos escrúpulos que intentan que promociones su estafa.

Si, también me han contactado personas que supuestamente tienen el "negocio" del siglo, pero no es más que una estafa.

Ellos intentan que promociones su estafa, ya que buscan influencers con credibilidad, para que ellos sigan estafando.

Existen muchas estafas de tipo piramidal, que requieren que se unan muchas personas para que sigan operando. Estos estafadores se concentran en buscar a miles de personas que se unan a su pirámide, y entre más se unen, más ganan.

El funcionamiento es sencillo: una persona se une y ellos reciben dinero por haberla traído, esa persona también recibe dinero por traer a otras, así se va creando una pirámide que entre más crece, más estrepitosa será su caída. **Si te dicen que para ganar dinero debes traer a más personas, estás ante una estafa piramidal.**

Si te invitan a unirte a este tipo de estafas, sal huyendo, porque tu credibilidad quedará por los suelos y solo algunas personas ganarán. Y esas personas están en niveles más altos que tú, así que no tienes esperanza alguna.

Entre más éxito tengas, más personas intentarán convencerte, así que ten mucho cuidado.

IGNORA A LOS HATERS

La persona que no está en paz consigo misma, será una persona en guerra con el mundo entero.

Mahatma Gandhi

Cuando comiences a tener éxito, los haters aparecerán. Así se le denomina en Internet a las personas que odian a todo el mundo, incluso se odian a sí mismos.

Es la típica persona que comenta tus vídeos con palabras que intentan herirte, desde un inocente *"el sonido de tu micrófono no es el adecuado"* hasta *"cómo siempre, estás equivocado, como en todo lo que dices"*.

Desde ya te digo que los haters no tienen la verdad absoluta. Ellos son capaces de criticar hasta el más sabio. **Y lo van a criticar porque esa es su ocupación**.

No eres tú, son ellos. En serio, no te sientas mal, son ellos los que están buscando pelea. Y para pelearse se necesitan dos (o más), así que no participes en su juego.

¿Sabes lo que yo hago con ellos? Simplemente ignoro los comentarios. **Es lo más sano que puedo hacer**.

Discutir con ellos no te llevará a ningún lado, y si lo haces, ellos habrán ganado.

Los haters quieren pelear y si tú intentas tener una discusión pacífica con ellos, en algún momento la convertirán en una agresión hacia ti, por eso, **lo más sano es ignorarlos**.

¿Es útil la crítica de los haters? ¡Por supuesto que no! Insisto, ellos quieren pelear, no quieren ayudarte a mejorar.

No es su intención ayudarte, su intención es destruirte. Por eso debes ignorarlos.

Lamento decirte que siempre aparecerán en las plataformas y en las redes sociales, así que aprende a ignorarlos y a impedir que te hagan daño. **Hagas lo que hagas, siempre estarán ahí, pero eso no significa que debas tolerarlos**.

No seas masoquista y mejor ignorarlos. Créeme, me darás la razón cuando comiencen a aparecer.

No podrás evitarlos, por eso te recomiendo ignorarlos.

La mayoría de plataformas tienen filtros, que te ayudarán a dejar de ver de forma automática los comentarios negativos.

Hay otras funciones, por ejemplo, la de evitar que coloquen comentarios con ciertas palabras clave. Si la vas a usar, debes elegir ciertas palabras que supongas que utilizará el hater, listarlas en el filtro y así cuando alguien intente colocar una palabra de la lista, la plataforma no le permitirá colocar el comentario.

Por ejemplo, en Youtube, he configurado que cuando alguien ponga alguna de estas palabras se le impida colocar el comentario:

- Tonto.
- Inútil.
- Loco.

Y más palabras que no incluiré aquí en este libro, por respeto a ti, mi lector. Por supuesto están varias groserías bloqueadas.

El bloqueo de comentarios me ahorra mucho tiempo y esfuerzo. No solo en Youtube puedes incluir esos filtros, también en otras plataformas lo puedes hacer.

Muchos haters justifican su actuar en la libertad de expresión que tenemos. Es cierto, existe cierta libertad de expresión, pero como toda libertad, se termina cuando afectamos la de otro.

Ellos no están expresándose, están soltando todo su odio hacia los creadores de contenido, por eso no tienen derecho de expresarse.

En serio, es inútil tratar de tener una conversación con ellos, por eso te recomiendo que no los tomes en cuenta.

No creas lo que colocan en los comentarios, porque como te he comentado, ellos intentan hacerte sentir mal. Sus comentarios no los comparten para que tú mejores, los colocan para que te sientas mal. **Por eso no tiene caso que les proporciones tu tiempo y atención**.

Algunos haters se esconden como bienintencionados consejeros que te muestran tus errores con el fin de que los corrijas. No les creas. Si realmente quisieran ayudarte, te contactarían por privado, para que nadie leyera las posibles correcciones que tuvieran.

Por ejemplo, hace unos años tomé un curso de un instructor, que realmente era muy bueno, pero tenía un mal hábito en su exposición: usaba muchas "muletas" lingüísticas (apoyos para conectar ideas). Sus constantes "*mmm*", "*si*" y "*entonces*" me desconcentraban bastante, y no creo que fuera el único.

Pensé bastante antes de contactarlo de forma privada.

En mi mensaje, le compartía esta observación de forma muy educada, siempre mencionándole que su información era valiosa, pero a los estudiantes posiblemente les distraería esto.

Me respondió también de forma educada, preguntándome cómo podría cambiar ese mal hábito. Le compartí mis estrategias para hacerlo y en su próximo curso, ya no las tenía.

No me considero un ser perfecto, por eso no deseaba mostrarle sus errores, pero realmente creía que tenía un gran potencial para hacer grandes cosas, pero debía eliminar esos malos hábitos lingüísticos.

Alguien podría encontrar algo que tú puedas mejorar, pero no debe corregirte frente a tus seguidores. Si realmente te quiere ayudar, te contactará de forma privada. Creo firmemente que **aquel que te contacta de esa forma, quiere tu bienestar y no es un hater**.

El hater quiere hacerte sentir mal y entre más personas lean o escuchen sus comentarios, él se sentirá realizado. No le permitas que consiga su objetivo e ignóralo.

También debes considerar que no tendrás contento a todos.

Es imposible tener contento a todo el mundo, así que no te esfuerces por agradar. Esfuérzate por mejorar cada día para ofrecerles contenido útil a tus seguidores. **Estás para ayudar a tu comunidad, enfócate en ellos y olvida a los haters**.

Insisto, no vas a tener contento a todo el mundo, de hecho a la única persona que debes tener contenta, es a ti mismo.

No intentes complacer a otros, ni a tus amigos, ni a tu familia, ni a tu pareja, debes ser feliz con lo que haces y no esperar que los demás lo sean.

Comparte para ayudar a tu comunidad y deja de compartir para recibir aplausos y reconocimiento. Desde el inicio de este libro te recomendé esa estrategia que nunca falla y te la seguiré recomendando en otros libros, en mi blog y en cualquier plataforma de contenido.

No tengas miedo de compartir, hazlo.

Por supuesto, debes mejorar todos los días, pero tienes que hacerlo para ti mismo, no para agradar a otros ni para competir con otros.

No vas a agradar a todos, así que acéptalo y sigue adelante como influencer.

Tus seguidores te lo agradecerán y los haters seguirán odiándote, lo cual, no te debe preocupar. Tal como te mencionaba, los haters odian a todos, incluso a sí mismos, así que no pasa nada.

En algunas ocasiones tendrás que borrar comentarios desagradables. **No dudes en hacerlo**.

Si tienes miedo de borrar un comentario, piensa en tu comunidad. Si no le aporta nada a tu comunidad e incluso la hará sentir mal, tienes que borrarlo.

Debes crear una comunidad segura y sólida, libre de gente que odia a todos, por eso tienes la responsabilidad de eliminar todos los malos comentarios.

Debes volverte experto en diferenciar entre el hater y a la persona con una queja genuina. Los primeros quieren afectarte, los segundos claman tu ayuda.

Una queja es una necesidad *inatendida* y una gran oportunidad para ganas mucho dinero. **Ya sea que la queja**

sea hacia tu producto o hacia el de otro, debes prestar atención porque ella esconde mucha información.

Gano dinero con la publicidad que Youtube inserta en mis vídeos, y he ganado mucho dinero gracias a un vídeo que hice atendiendo las quejas que muchos tenían de una aplicación que recomendé.

Aunque no era de mi propiedad, esa app no explicaba adecuadamente qué hacer en ciertos casos, los usuarios comenzaron a quejarse y yo atendí sus quejas. **Gané y sigo ganando bastante porque atendí sus necesidades**.

Las quejas deben escucharse, ya que te darán mucha información para que mejores tus productos, entregues contenido de valor u ofrezcas lo que aún no ofreces. **Las quejas te proporcionan información valiosa y ella te dará mucho dinero**.

Continuamente voy a grupos de Facebook a leer quejas, ellas me dan ideas para poner en práctica. Si la mayoría se queja porque no encuentran un buen editor de vídeo, investigo sobre uno, lo adquiero, aprendo de él y me hago su afiliado, así les ofrezco lo que necesitan. Por eso me gusta leer las quejas de esos grupos.

No le hagas caso a las haters, hazle caso a las quejas.

COMIENZA AHORA

Alguien está sentado a la sombra de un árbol hoy
porque alguien plantó un árbol tiempo atrás.

Warren Buffett

Soy de la generación que creció con la tecnología. Tal como te comenté anteriormente, las computadoras eran inaccesibles para la mayoría cuando era un niño, pero después fueron convirtiéndose en un artículo común en la mayoría de hogares.

Las computadoras enormes le dieron paso a los teléfonos inteligentes, los telegramas desaparecieron y ahora es muy sencillo enviar un mensaje a nuestros seres queridos, que llega más rápido que esos costosos telegramas.

Por cierto, hace poco mi hijo menor me preguntaba: *"¿Cómo se comunicaban antes del teléfono?"*, después de meditarlo unos segundos, le expliqué que era mediante telegramas, y al explicarle todo el procedimiento, me quedé pensando que era demasiado complicado comunicarse con los demás, comparado con la actualidad, que es muy simple.

Ahora es más simple, pero pocas personas están usando la tecnología existente.

La invitación de este libro sigue en pié: **debes utilizar la tecnología existente para hacerte oír**. Este es el mejor momento, y tenemos los recursos disponibles.

Debes salir del anonimato ahora y comenzar a ayudar a las personas. Tienes que influir en las vidas de las personas, aprovechando todos los recursos tecnológicos existentes... ¿Qué esperas?

Tal como te he mencionado anteriormente, concluyo uno de mis cursos mencionándoles a los asistentes que si desean tener el éxito más rápido, tienen que convertirse en celebridades. **Esta aseveración es ahora más actual que nunca**. Alguien tiene que ayudar a las personas, y ese alguien debes ser tú.

Comienza creando tu comunidad y comparte con ellos contenido de valor. **No solo busques seguidores, busca evangelistas**.

Te he mencionado que debes buscar miembros leales antes que solo seguidores, esos superfans, no dudarán en recomendarte con sus conocidos y amigos, quienes también se convertirán en tus fans leales.

Cuando tienes superfans, el siguiente paso es convertirlos en evangelistas.

Un llamado evangelista es aquel que te sigue incondicionalmente y se siente parte de tu comunidad, aunque no le reconozcas esa afiliación.

Por ejemplo, yo soy hasta este momento, un superfán de la plataforma para impartir cursos Teachable, y si vas a mi canal de Youtube, encontrarás que existen decenas de vídeos sobre ella, y sigo creándolos porque mis seguidores me los piden.

Sin desearlo, me he convertido en una referencia en español sobre esa plataforma, **en un evangelista de la marca**. Constantemente me preguntan sobre ella, porque se han dado cuenta que estoy tan convencido de su eficacia, que domino su uso. Me he convertido en un experto en la plataforma.

La empresa no me paga nada, es más, posiblemente no sepa de mi existencia, pero yo defiendo la marca porque estoy convencido de ella.

Eso es lo que debemos buscar como influencers: evangelistas de nuestro nombre y marca. **Así será más fácil llegar a más personas de forma simple y rápida**.

Creamos comunidades y ellas nos apoyan para llegar más lejos. Como has aprendido, esto se llama apalancamiento.

Tu comunidad te ayudará a ser conocido, a ser una celebridad, porque ese debe ser tu objetivo principal: **salir del anonimato**. Solo si sales de él, podrás ayudar a los demás. Como puedes darte cuenta, todo está relacionado.

La democratización de Internet te permite salir de ese anonimato.

Antes era muy complicado convertirse en un productor de tu propio programa de radio o televisión, ahora cualquiera puede comenzar un podcast o crear su canal de Youtube. **Y cualquiera puede hacer llegar su mensaje para ayudar a las personas**.

La tecnología es accesible para la mayoría de personas. Puedes comenzar tu podcast o tu canal de vídeos solo con un smartphone.

Comienza con algo pequeño y ve avanzando, **pero comienza**.

Millones de personas se quedan soñando pero no concretan nada, por eso tienes que hacer algo. No sueñes, mejor **planea qué pasos tienes que dar para conseguir ser un influencer**.

La tecnología está a tu alcance, ahora depende de ti hacer algo con ella.

No desaproveches este momento, porque nunca antes había sido tan sencillo convertirnos en creadores. Todos podemos crear y todos podemos ayudar a otros.

Supongo que ya te has dado cuenta de que ser influencer es un camino que debes recorrer con la mejor actitud posible, y también tienes que aprender en todo momento. **Internet nos ha impulsado a desarrollar nuevas habilidades y aprender constantemente**.

Lo que hace un par de años era útil, ahora es obsoleto, por eso debemos aprender constantemente y adaptarnos al cambio inminente. **Para tener éxito como influencer debes aprender en todo momento para desarrollar al máximo tu creatividad**.

Gracias a la creatividad, tendrás nuevas ideas, que te serán útiles para conseguir ese éxito. Todo va de la mano.

¿Cómo tener más y más ideas? Puedes:

- Consumir mucha información útil.
- Centrarte en pocos temas.
- Mantener tus sentidos abiertos.
- Probar variaciones de ideas ya existentes.
- Buscar problemas y encontrar diferentes soluciones.
- Explotar los conocimientos y habilidades que ya tienes.
- Reunirte con personas creativas.
- Hacerlo simple.

Existe demasiada información gracias a Internet, sería imposible acceder a toda, por eso debes ser selectivo. Sigue a tres o cuatro personas que se conviertan en tus mentores, revisa solo aquella información que te recomiendan, para que no te satures con tanta información disponible.

Elige sobre qué temas quieres profundizar e investiga sobre ellos. No te compliques y solo céntrate en algunos temas útiles para tus objetivos actuales.

Permanece atento a los cambios. Usa todos tus sentidos para darte cuenta, aprender y poner en práctica lo aprendido. A partir de lo que adquieras, ponlo en práctica de inmediato.

Yo creo que no hay invenciones, existen las innovaciones, es decir, todo surge de algo que ya existía, simplemente esa idea se mejora y se adapta para las necesidades actuales. Prueba con variaciones a partir de las ideas que ya existen.

Vuélvete un buscador de problemas, que también les encuentre soluciones prácticas.

No necesitas aprender algo completamente nuevo, comienza con lo que ya tienes, con tus conocimientos previos y tus habilidades que has desarrollado.

Busca reunirte de personas creativas y huye de las personas pesimistas. Te lo he recomendado en otros libros y seguiré recomendándotelo. Imitamos las conductas de otros, así que nos conviene compartir nuestro tiempo e ideas con personas más creativas que nosotros, o por lo menos igual de creativas, pero nunca estar rodeados de personas con menos creatividad que nosotros.

Y tienes que hacerlo simple, no lo compliques.

Aprender te ayudará a adaptarte rápidamente, y eso será necesario en tu ocupación como influencer. **El aprendizaje también te ayudará a modificar tus hábitos**.

Muchos de los hábitos que tienes actualmente deben de ser modificados, para que consigas el éxito.

Desafortunadamente no nos enseñan a autorregularnos. Como hemos aprendido a ser empleados, por lo regular deseamos que alguien nos diga qué hacer y cómo hacerlo. Por eso se nos complica autorregularnos e imponernos un reglamento que nos ayude a tener éxito.

Debes tener tus propias reglas y seguirlas.

Tienes que establecer las reglas y seguirlas todo el tiempo, son tuyas, estás de acuerdo con ellas, y te has dado cuenta que van a funcionar para conducirte al éxito. Las reglas las cumples en todo momento, en todo lugar, y pase lo que pase.

Hay que ser congruentes. De repente somos personas diferentes en nuestra casa, en el trabajo, con los amigos. Si hay congruencia, puedes perfectamente estar en cualquier ambiente sin problema, porque tienes un reglamento personal. Este reglamento va de lo personal a lo profesional y de lo más sencillo a lo más complejo.

Por ejemplo, en las relaciones de pareja podrías tener como reglamento ser leal. Aunque digas que esto está implícito, para muchos no es una regla a cumplir, sin embargo, esta regla debería estar ahí y ser leal.

Así como respetar a la pareja. Precisamente, porque suponemos que eso es obvio, tenemos muchos errores y nos confiamos.

Establece reglas, políticas, normas, valores, como lo quieras llamar, y llévalas a la práctica.

Me ha funcionado a mí y a muchas otras personas. Cuando elabores tus reglas, recuerda que deben estar en armonía con tus principios, acorde con tus objetivos y fundamentadas.

No debes confundir las reglas con las rutinas.

Las reglas son principios que te ayudan a concentrarte en tus objetivos y estrategias para conseguir lo que quieres, las rutinas son pasos repetitivos que aprendiste sin reflexionar sobre ello. **La rutina es hacer un procedimiento sin pensar**.

Y las rutinas te volverán lento y te harán desesperar. **Por eso debes deshacerte de tus rutinas**. Crea reglas y deshazte de tus rutinas.

Cuando sigues una rutina alguien más te atrapa y te hace su empleado, por tanto debes de tener cuidado de no tener rutinas. **Es muy diferente tener rutinas a tener hábitos y reglas**.

ÍNDICE

Introducción 7

Influye en los demás 13

Comienza tu comunidad 19

Ayuda a otros a conseguir sus objetivos 26

Obsesiónate en crear contenido de valor 31

Conviértete en un productor 35

Distribuye tu contenido en las plataformas adecuadas .. 42

Elige el difusor adecuado 47

Crea contenido constantemente 53

Resuelve problemas para obtener ganancias 59

Elige tu tipo de influencer 65

Utiliza el apalancamiento 70

Usa las herramientas de Internet 75

Tienes que vender 79

Usa los principios psicológicos de la influencia 86

Influye silenciosamente 91

Vence el miedo a la crítica 95

Utiliza el poder el vídeo 102

Influye a tus seguidores con vídeos 109

Utiliza Youtube para difundir tu mensaje 114

Usa Facebook para fortalecer lazos 119

Aprovecha el poder de las transmisiones en vivo 125

Crea tu podcast 131

Crea microvídeos con contenido interesante 136

Utiliza la analítica a tu favor 140

Comparte historias 145

Escribe en tu blog 149

Crea el blog adecuado 155

Usa el email marketing 161

Encuentra una empresa intermediaria 165

Cuídate de las estafas 171

Ignora a los haters 176

Comienza ahora 182

Nos encuentras en:

www.mestasediciones.com